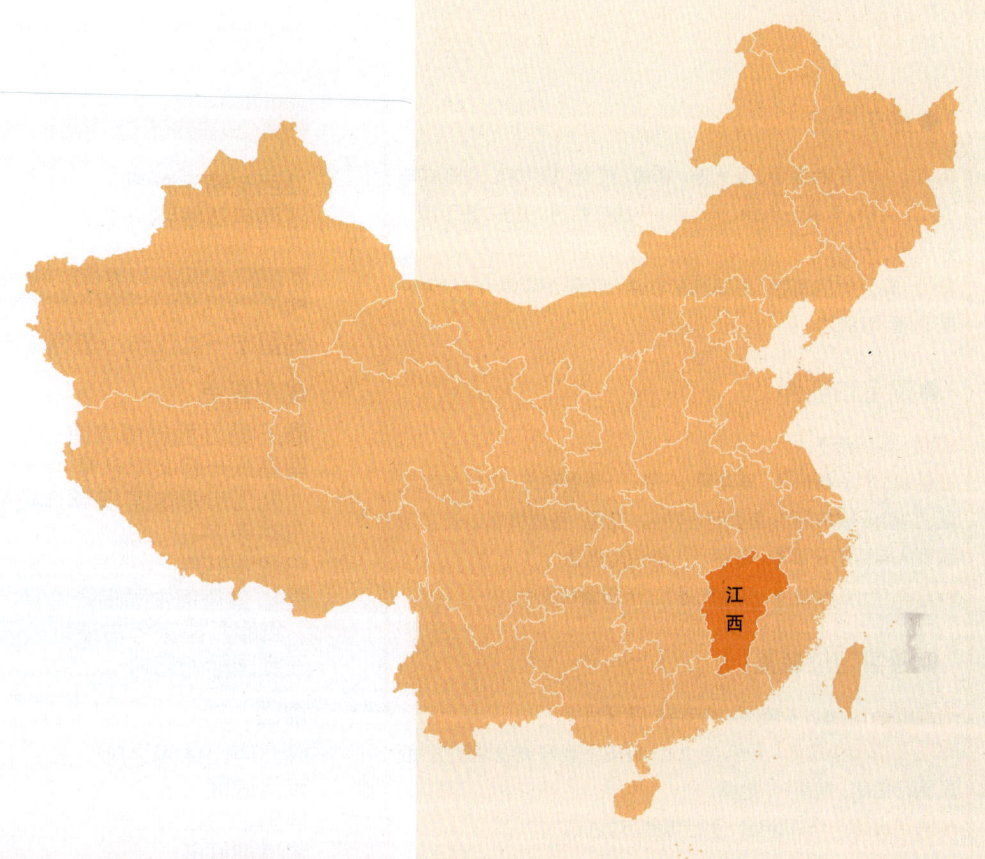

中国自驾游
江西

"中国自驾游"编写组 编写

中国地图出版社
北京

出发前，检查你的装备

● 随车装备

随车工具： 轮胎扳手、灭火器、水桶、绞盘、拖车绳/杆、搭电线、工兵铲、车载充气泵、千斤顶、快速补胎剂、钳子、警示牌、防冻液、防滑链*。

备件： 充足气的备胎、易损汽车零件（灯泡、雨刮片）、机油、制动液、玻璃水。

● 现金和证件

现金： 零钱若干。

证件及文件： 身份证、驾驶证、行驶证、购置税证、车船使用税证、边防证或护照*，首页写好姓名、血型、身体情况以及紧急联系人电话的记事本、车辆及人身保险信息。

行程单： 一式两份，一份带在身上，一份留在家中。

● 通信定位装置

通信设备： 手机、充电器、充电宝、蓝牙耳机。

导航及指南类工具： 导航类app（提前下载好离线地图）、纸质旅行指南、指南针、地图。

车队用设备*： 车载电台、手持电台、对讲机。

● 日常用品

衣物： 驾驶用平底鞋、徒步用登山鞋。

野营用品： 帐篷、睡袋、充气枕头、防潮垫、照明灯具、折叠桌椅、卡式炉、气罐、炊具、水具（水壶、水袋、皮囊等）、烧烤炉、遮阳伞。

变压设备： 12V—220V车载逆变器。

储存设备： 车载冰箱、保温箱。

其他： 防晒用品、望远镜、墨镜、手套、雨具、头灯和手电、多功能户外手表、多功能刀具、保温杯、一次性餐具、消毒湿巾、纸巾、洗漱用具、小镜子、指甲钳、抹布、别针、橡皮筋、针线包、捆绑绳、垃圾袋、防风打火机或防潮火柴、旧报纸、记事本。

● 药品

内服： 感冒药、退烧药、止痛药、清火解毒类药品、肠胃药、维生素、抗过敏类药品、防晕车药品，与自身身体状况有关的药品（高血压药、心血管药、助眠药等）。

外用： 云南白药、万花油、清凉油、风油精、氟轻松软膏、眼药水、骨伤贴药、驱蚊虫类喷雾。

抗高原反应类*： 西洋参含片、葡萄糖口服液、布洛芬、高原红景天、抗高反处方药（乙酰唑胺、地塞米松等）、氧气瓶。

简易医疗用品： 体温计、创可贴、绷带、纱布、白胶布、碘伏、棉签、口罩。

* 特定情况需要

江西省 4

江西交通旅游图 6
江西自驾线路总览 8

1 赣北庐山休闲之旅 10

南昌市→九江市→景德镇市

途中亮点

滕王阁 江西省博物馆 11
南昌八一起义纪念馆 绳金塔 陶渊明纪念馆
　九江市博物馆 美孚洋行旧址 12
东林寺 庐山 13
白鹿洞书院 15
秀峰 景德镇中国陶瓷博物馆 景德镇古窑民俗博览区
　御窑厂国家考古遗址公园 16
三宝国际陶艺村 17

地图

赣北庐山休闲之旅 10
南昌城区 12
庐山 13
景德镇城区 16

更多精彩

庐山摄影贴士 13
庐山恋 15

2 赣东北山水古韵之旅 18

景德镇市→上饶市→鹰潭市→南昌市

途中亮点

浮梁古县衙 瑶里古镇 思溪延村 月亮湾 ... 20
李坑 汪口 篁岭 21
晓起 婺女洲 三清山 22
葛仙村 灵山 望仙谷 24
鹅湖书院 河口古镇 龙虎山 25

地图

赣东北山水古韵之旅 18

3 赣南历史文化之旅 26

赣州市

途中亮点

关西围 燕翼围 栗园围 乌石围 通天岩 28
赣州古城墙 郁孤台 赣州文庙 灶儿巷
　梅关古驿道 30
上堡梯田 三僚风水文化景区 通天寨 大畲村 31

目录

地图
赣南历史文化之旅 27
漫步赣州 29

特别呈现
漫步赣州 29

4　赣西南红色文化之旅　　32

萍乡市→吉安市→宜春市→新余市→吉安市→赣州市

途中亮点
秋收起义广场 安源路矿工人运动纪念馆
　　武功山 羊狮慕 34
明月山 袁州谯楼 35
化成禅寺 状元洲 仙女湖 文山路步行街 37
文天祥纪念馆 井冈山革命博物馆
　　井冈山革命烈士陵园 茨坪旧居群 黄洋界 38
小井红军医院旧址 龙潭景区 桃源梯田
　　共和国摇篮景区 40
罗汉岩 41

地图
赣西南红色文化之旅 33
井冈山 38

更多精彩
井冈山红色文化 34

5　赣中古村落之旅　　42

吉安市→抚州市

途中亮点
青原山 白鹭洲书院 43
钓源古村 吉州窑 燕坊古村 玉笥山
　　欧阳修纪念馆 流坑古村 44
汤显祖纪念馆 王安石纪念馆 仰山书院 46
洽湾船形古镇 军峰山 47

地图
赣中古村落之旅 42
吉安市及周边 44

▼滕王阁

▼ 婺源篁岭秋色

江西，简称"赣"，因开元二十一年（733年）唐玄宗设江南西道而得省名，又因江西最大河流为赣江而得此简称。江西位于我国东南部内陆、长江中下游南岸，当地地形以丘陵山地为主，盆地、谷地广布，江河湖泊众多，以鄱阳湖为中心，呈向心水系分布。高速公路纵横贯穿江西全境，全程路况良好，自驾难度小，服务区密集，停车很方便，也很人性化。江西旅游资源丰富，这里的山水风光和安逸宁静的氛围是洗涤心灵的妙药。驾车穿行于江西的山水美景之间，犹如穿梭于典雅的水墨画中。不过，庐山、武功山等地山高路陡，游山时以缓慢通行为宜，不可过速，小心落石，注意安全。省内仍有部分山区路段道路崎岖且加油和充电设施不足，还需多加注意。

江西省

江西交通旅游图

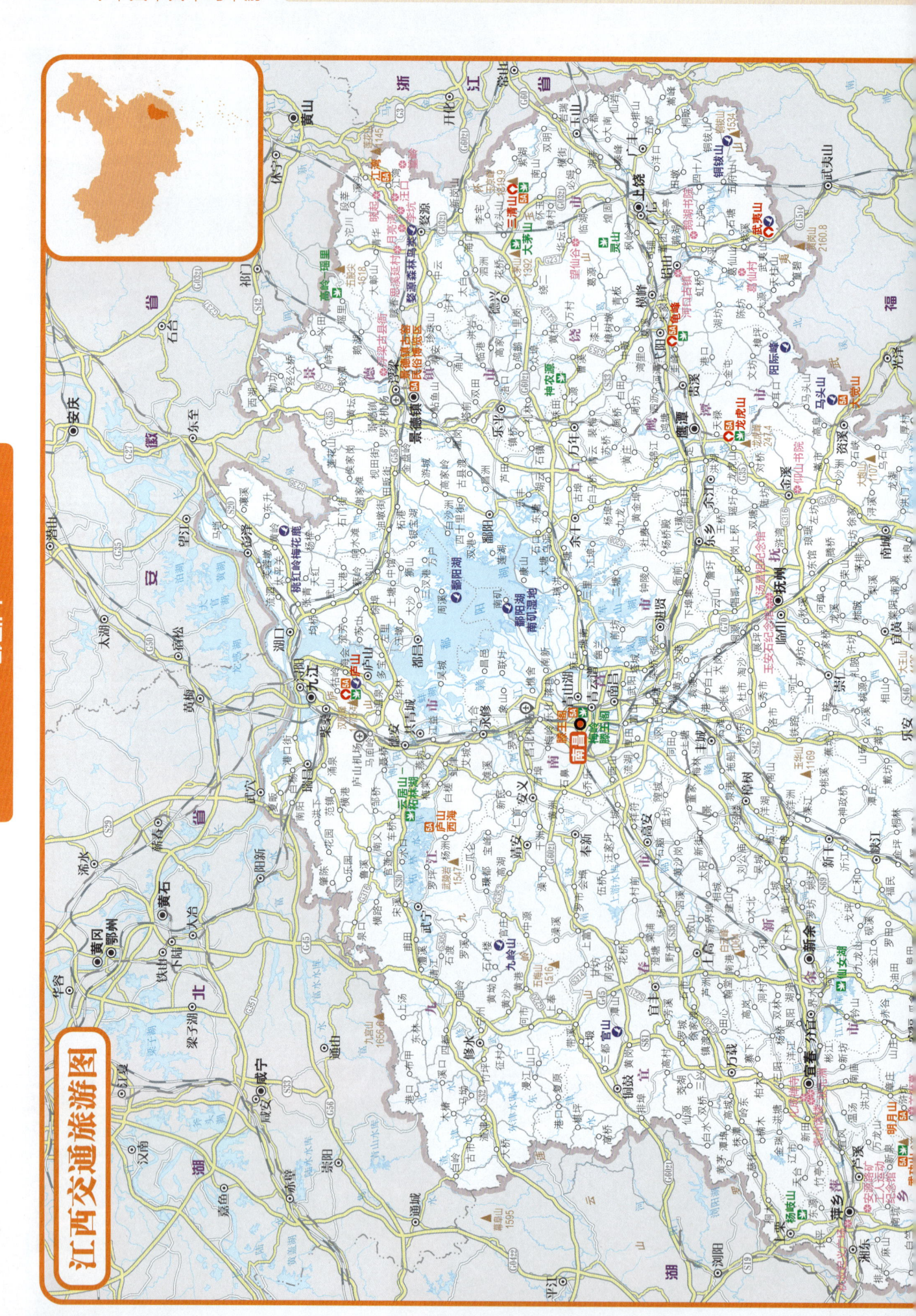

江西省

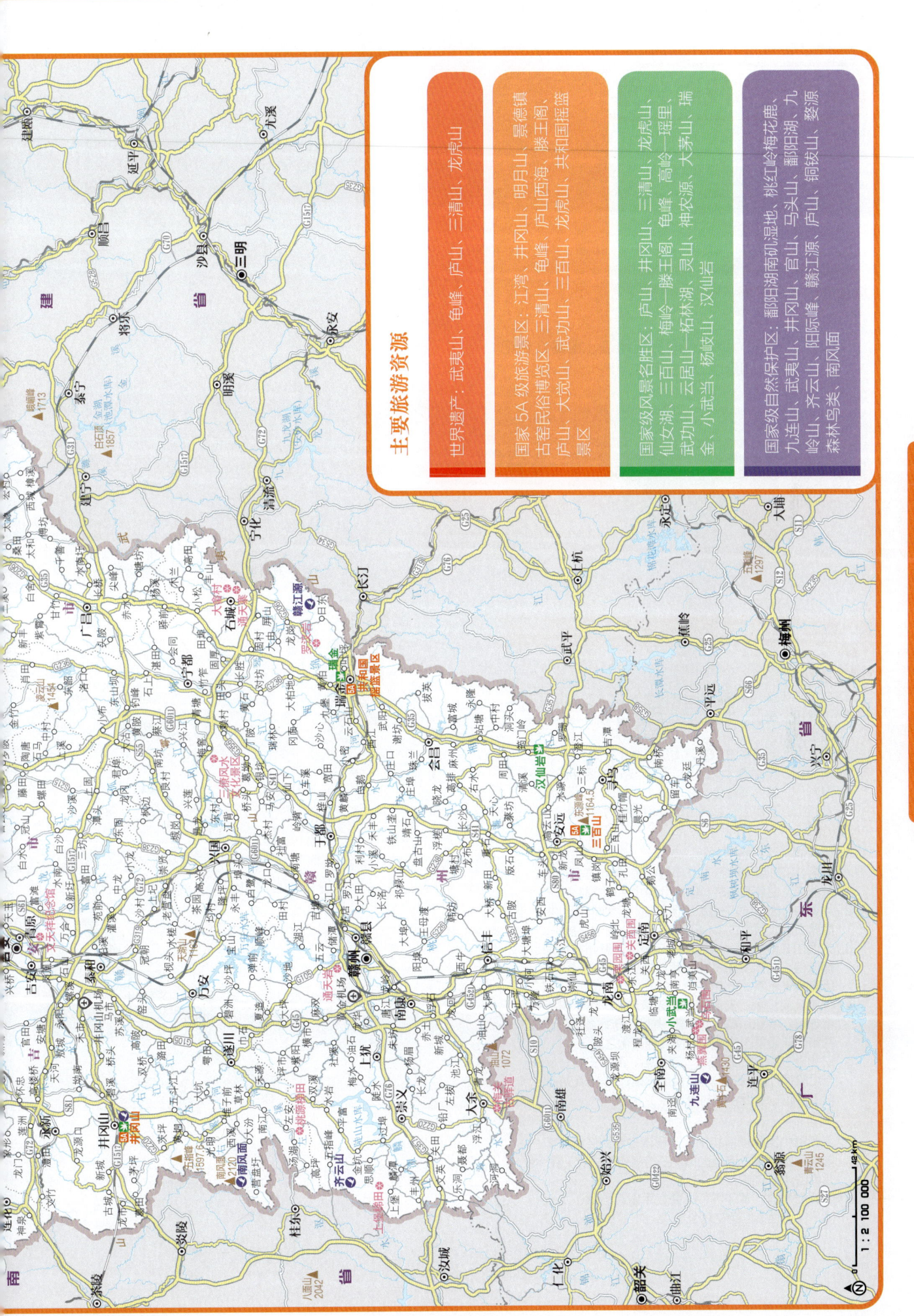

主要旅游资源

世界遗产：武夷山、龟峰、庐山、三清山、龙虎山

国家5A级旅游景区：江湾、井冈山、明月山、景德镇古窑民俗博览区、三清山、龟峰、庐山西海、滕王阁景区、大觉山、武功山、三百山、龙虎山、共和国摇篮景区

国家级风景名胜区：庐山、井冈山、三清山、龙虎山、三百山、梅岭—滕王阁、龟峰、高岭—瑶里、仙女湖、三居山—柘林湖、灵山、神农源、大茅山、瑞金、小武当、云居山、杨岐山、汉仙岩、武功山

国家级自然保护区：鄱阳湖南矶湿地、桃红岭梅花鹿、九连山、武夷山、井冈山、官山、马头山、鄱阳湖、铜钹山、九岭山、齐云山、阳际峰、庐山、赣江源、婺源森林鸟类、南风面

江西交通旅游图

1 : 2 100 000

江西自驾线路总览

4　赣西南红色文化之旅　见32页

702公里 / 9天

感受先人风采，参观革命历史遗迹，重温红色记忆，感受传承和延续、生生不息。

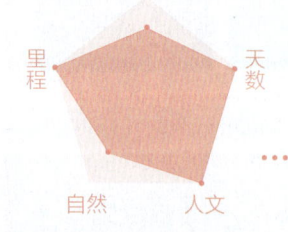

★ 如果你喜欢……

自然奇观

（1）庐山、秀峰（❶ 赣北庐山休闲之旅）
（2）三清山、灵山、望仙谷、龙虎山（❷ 赣东北山水古韵之旅）
（3）通天岩、上堡梯田（❸ 赣南历史文化之旅）
（4）武功山、羊狮慕、明月山、仙女湖、桃源梯田、罗汉岩（❹ 赣西南红色文化之旅）
（5）青原山、玉笥山、军峰山（❺ 赣中古村落之旅）

人文历史

（1）滕王阁、江西省博物馆、南昌八一起义纪念馆、绳金塔、陶渊明纪念馆、九江市博物馆、美孚洋行旧址、东林寺、白鹿洞书院（❶ 赣北庐山休闲之旅）
（2）浮梁古县衙、瑶里古镇、思溪延村、婺女洲、葛仙村、鹅湖书院、河口古镇（❷ 赣东北山水古韵之旅）
（3）关西围、燕翼围、栗园围、乌石围、赣州古城墙、郁孤台、赣州文庙、灶儿巷、梅关古驿道（❸ 赣南历史文化之旅）
（4）秋收起义广场、安源路矿工人运动纪念馆、文天祥纪念馆、井冈山革命博物馆、井冈山革命烈士陵园、共和国摇篮景区（❹ 赣西南红色文化之旅）
（5）白鹭洲书院、钓源古村、吉州窑、燕坊古村、欧阳修纪念馆、流坑古村、汤显祖纪念馆、王安石纪念馆、仰山书院（❺ 赣中古村落之旅）

全家出游

（1）景德镇中国陶瓷博物馆、景德镇古窑民俗博览区、御窑厂国家考古遗址公园、三宝国际陶艺村（❶ 赣北庐山休闲之旅）
（2）茨坪旧居群、黄洋界、小井红军医院旧址、龙潭景区（❹ 赣西南红色文化之旅）

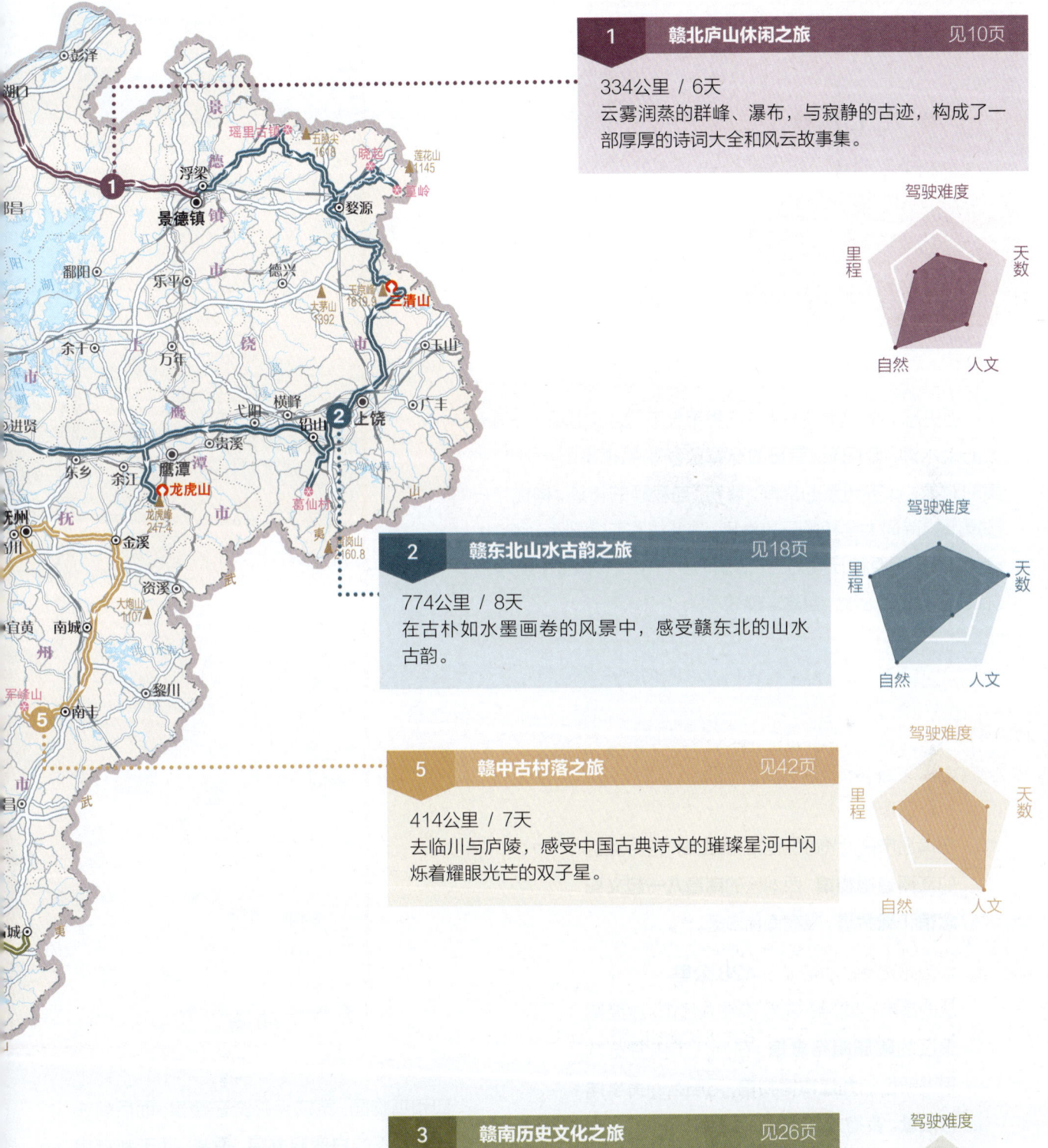

江西省

1　赣北庐山休闲之旅　见10页

334公里 / 6天
云雾润蒸的群峰、瀑布，与寂静的古迹，构成了一部厚厚的诗词大全和风云故事集。

2　赣东北山水古韵之旅　见18页

774公里 / 8天
在古朴如水墨画卷的风景中，感受赣东北的山水古韵。

5　赣中古村落之旅　见42页

414公里 / 7天
去临川与庐陵，感受中国古典诗文的璀璨星河中闪烁着耀眼光芒的双子星。

3　赣南历史文化之旅　见26页

672公里 / 6天
探寻龙南沿途的客家围屋，在江南宋城怀古繁盛朝代。

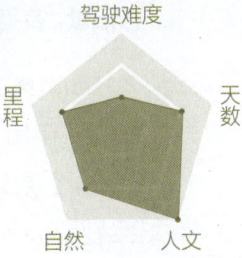

江西自驾线路总览

赣北庐山休闲之旅

南昌市 ➡ 九江市 ➡ 景德镇市

里程：334 公里
天数：6 天
驾驶难度：★★☆☆☆
新能源车友好度：★★★★☆

历史悠久的赣北不只有"奇秀甲天下"的庐山和"中国最大的淡水湖"鄱阳湖。昔日的豫章故郡南昌也是山水歌赋赞美的对象。云雾润蒸的群峰、瀑布，与寂静的古迹，构成了一部厚厚的诗词大全和风云故事集。本条线路包含高速公路、省道，地形以平原和丘陵为主，沿途为乡村和山岭风光。全程路况良好，食宿点密集，自驾难度较小。

赣北庐山休闲之旅

行程安排

第 1 天　①南昌市

在南昌市内游览东湖区的**滕王阁**，红谷滩区的**江西省博物馆**，西湖区的**南昌八一起义纪念馆**和**绳金塔**。夜宿南昌市区。

第 2 天　①南昌市 ➡ ②九江市　128 公里

从南昌市出发，沿 G70 前往九江市，途经柴桑区的**陶渊明纪念馆**。在九江市内游览八里湖新区的**九江市博物馆**，浔阳区的**美孚洋行旧址**。夜宿九江市。

第 3 天　②九江市 ➡ ③庐山　41 公里

从九江市出发，沿 S402 前往庐山市的庐山，途经濂溪区的**东林寺**游览。下午沿庐山西线游览，不要错过花径、仙人洞、大天池。夜宿牯岭镇。

第 4-5 天　③庐山

先东线游览，探访五老峰、大口瀑布、含鄱口和植物园。第二天游览三叠泉，而后前往庐山山下的**白鹿洞书院**、**秀峰**。两天都夜宿庐山东门附近。

第 6 天　③庐山 ➡ ④景德镇市　165 公里

从庐山出发，沿 S22、G56 前往景德镇市。游览昌江区的**景德镇中国陶瓷博物馆**、**景德镇古窑民俗博览区**，珠山区的**御窑厂国家考古遗址公园**、**三宝国际陶艺村**后，结束本次行程。

江西省　11

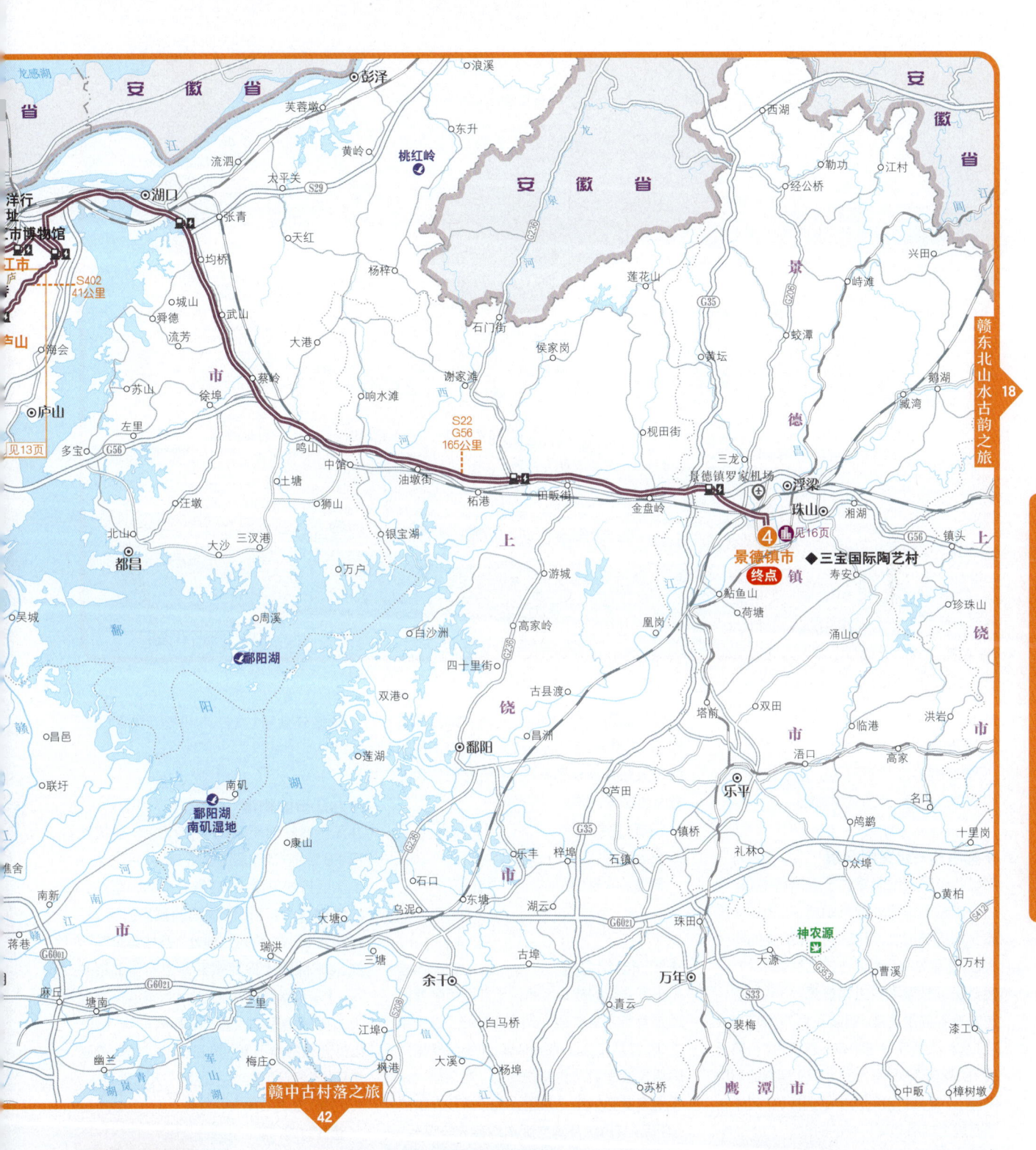

途中亮点

南昌市　0791

◆ 滕王阁　见12页地图

滕王阁，因初唐诗人王勃所作《滕王阁序》而闻名于世，与湖南岳阳的岳阳楼、湖北武汉的黄鹤楼并称为"江南三大名楼"，是南昌市的标志性建筑。如今的滕王阁是1985年借鉴了梁思成和莫宗江设计的草图，经过多番考证，以钢筋水泥重建的。新楼为仿宋朝木结构样式，南北有回廊连接着"压江""挹翠"两个辅亭。滕王阁主体下部为象征古城墙的高台阁座，高12米。主楼入口处为毛泽东书"落霞与孤鹜齐飞，秋水共长天一色"的楹联。西大厅内有铜制1:25的滕王阁模型。二楼有一幅长卷丙烯壁画《人杰图——江西历代名人图卷》，描绘了自先秦至清朝末年的八十位江西籍名人，如陶渊明、徐孺子、曾巩、欧阳修、王安石、汤显祖等。

门票：50元
营业时间：日场 8:00—18:00；夜场 18:00—21:00
微信公众号：滕王阁旅游区

◆ 江西省博物馆　见12页地图

江西省博物馆是江西最大的综合性博物馆，新馆为江西省文化中心三大馆之一，建筑造型为方盒，寓意为宝盒，共6层，建筑面积8.6万平方米，展陈面积2.8万平方米。江西省博物馆汇集了江西各地发现的珍贵历史文物和古代艺术精品，藏品类别有青铜器、瓷器、书画、革命文物等，其中以青铜、陶瓷类文物最具特色，在全国省级博物馆中占有重要地位。作为中国瓷器的重要发源地，江西各地出土的历代陶瓷器是博物馆的主角。在开始江西之旅前，非

南昌城区

营业时间：周二至周日 9:00—17:00

微信公众号：江西省博物馆

◆南昌八一起义纪念馆　见本页地图

南昌八一起义纪念馆位于老城区中心，现由新馆和旧馆两处建筑组成，旧馆是南昌起义指挥部旧址，新馆是近年扩建的陈列大楼。这里是来南昌必去的红色景点之一。凭身份证领票即可进馆参观。进入馆区，首先看到的是铜雕，铜雕正后方为陈列大楼。陈列大楼序厅正中有一座名为"石破天惊"的雕塑，一只有力的大手从崩裂的石块中伸出，紧扣着汉阳造步枪的扳机，其中一块石块上刻着起义打响的时刻。

门票：免费

营业时间：周二至周日 9:00—17:00

微信公众号：南昌八一起义纪念馆

◆绳金塔　见本页地图

传说唐代僧人曾在塔前掘出铁函和金绳，绳金塔故而得名。如今的这座塔是1989年按照清同治七年（1868年）的样式修成的。不过，位于塔前的《重修绳金塔记》石碑，是货真价实的清代遗物。塔院南部紧挨着原址重建的千佛寺，一层有南昌市博物馆的专题展厅，展出绳金塔出土文物和馆藏精品陶瓷器的图片。塔院北部为大成殿，殿内供奉的颜回与传说中到过南昌的澹台灭明并立孔子左右，这个形制与大部分孔庙都不一样。

门票：免费

营业时间：8:00—20:00

微信公众号：绳金塔历史文化景区

九江市　0792

◆陶渊明纪念馆　见10页地图

关于陶渊明的故乡究竟位于九江市柴桑区还是宜春市宜丰县，学界已争论了逾千年之久，甚至在九江地区内部，关于柴桑故里确切位置的看法也众说纷纭。直至明代，学者李梦阳依据一块出土的"靖节先生故里"碑（其真伪及碑文版本均存在争议），断定陶渊明的故乡就在现今的柴桑区地域。现今的纪念馆中，靖节祠是从别处迁移而来，其建筑可追溯至明末，而纪念馆后山上的陶渊明墓则是在清朝乾隆年间重建的。馆内辟有《陶渊明生平事略陈列》，收藏和展出有关陶渊明行踪的图表、照片、家谱和历代陶学专著、名人书画300多件。尽管纪念馆内的历史展品略显简单，但整个馆区环境却清幽雅致。

门票：免费

营业时间：周二至周日 8:30—12:00，14:00—17:30

微信公众号：九江市柴桑区陶渊明纪念馆

◆九江市博物馆　见11页地图

九江市博物馆新馆建于2010年，建筑面积1.8万平方米，展区面积9800平方米，是江西省规模庞大、功能齐全的大型综合性博物馆。九江市博物馆的藏品包括"护国神社"石柱、"九江神社"石柱等摩崖石刻，《宋故赠大理评事武昌史府君墓铭并序》《宋豫章熊氏墓志铭》《皇清诰授光禄大夫振威将军刘公墓志》等墓志铭，除此以外还有各类石雕、陶瓷器、铜铁器、书画作品、玉器、印章、金银器等一万余件。

门票：免费

营业时间：周二至周日 9:00—17:00

微信公众号：九江市博物馆

◆美孚洋行旧址　见11页地图

在第二次鸦片战争结束后，九江被辟为对外贸易的口岸，随后，众多西方国家相继涌入此地，建立公司并构筑起洋楼建筑。在现存的建筑遗产中，美孚公司的四大标志性建筑尤为显著。油库、油库办公楼以及美孚别墅这三处重要设施，均坐落在位于城东沿江的金鸡坡上。油库往西的高坡上有一座水刷石外墙的别墅，现在是九江市民俗博物馆所在地。一楼介绍九江地区洋

江西省 13

行的历史，二楼是当地民俗陈列。四大建筑的最后一处便是美孚洋行旧址，位于滨江路的另一端，靠近客运码头。

门票：免费
营业时间：9:00—17:30

◆ **东林寺** 　见11页地图

当东晋高僧慧远创立东林寺之际，他邀请了众多海外高僧前来参与经书的翻译工作。据传，寺内的译经台便是天竺高僧觉贤译经的地方。作为净土宗的发源地，东林寺也曾是高僧鉴真的驻锡之地。历史上，众多文人雅士都曾慕名来到庐山，探访并咏叹东林寺。康有为就曾三次造访东林寺，并在此意外地发现了柳公权的书法残碑。尽管东林寺历经沧桑，如晋代的出木池、聪明泉，以及藏经楼外的唐代护法力士和经幢等古迹大多已不复存在，且寺庙常年处于修缮之中，但这里依旧值得探访。紧邻东林寺西侧不远处，便是苏轼题下"横看成岭侧成峰"的西林寺。

门票：免费
营业时间：7:00—17:00
微信公众号：江西庐山东林寺

◆ **庐山** 　见11页和本页地图

以"雄奇险秀"闻名的庐山，春天山花烂漫，夏日瀑布倾泻，秋季层林尽染，冬天白雪覆盖在第四季冰川塑造的奇峰和怪石上，别有一番韵致。庐山景区的中心是牯岭镇，一些近代的人文景点都集中在镇上及其附近。需要注意的是，私家车不允许进入核心景区（含鄱口—植物园—大口瀑布—五老峰—三叠泉；花径—仙人洞—大天池—电站大坝）。经典线路分为西线和东线，以下点位不容错过。

庐山摄影贴士

云海：庐山年均近200天有雾，尤其在3月至5月最为频繁，偶尔还能遇见海市蜃楼的奇观。夏秋季节雨停后，是观赏云海的最佳时机。推荐拍摄点有含鄱口、五老峰、大天池文殊台、诺那塔院无住亭。

花卉：5月左右，庐山花朵盛开，其中花径的桃花、植物园的杜鹃以及锦绣谷的百花最为大家所喜爱。

瀑布：夏秋两季或是春季雨后，三叠泉和石门涧的瀑布尤为壮观，是拍摄的理想时机。

雪景与雾凇：冬季雪后或形成雾凇时，庐山满山银装素裹，如琴湖、芦林湖和花径是拍摄这些美景的热门地点。

日出：前往拍摄请查阅天气预报，含鄱口和五老峰第四峰是观赏日出的绝佳位置。

日落：推荐拍摄地点包括大天池文殊台、诺那塔院无住亭以及日照峰，日照峰也是拍摄牯岭夜景的理想之地。

红叶：10月中旬至11月初，植物园、花径和芦林湖畔被红叶装点得色彩斑斓。

摄影装备建议：
拍摄日出、日落、水景及夜景时，三脚架和快门线是必不可少的工具。
广角镜头在大多数情况下都非常实用。
拍摄雪景、雾凇、蓝天及红叶时，偏振镜能显著提升照片效果。
鉴于庐山常年多雨且湿度大，请做好防潮防湿措施。
前往三叠泉拍摄时，考虑到攀爬较为费力，携带轻便的摄影器材尤为重要。

西线

花径：据传，"人间四月芳菲尽，山寺桃花始盛开"这句诗中所提及的山寺，便是坐落于此的大林寺，遗憾的是，该寺如今已不复存在。1929年，李凤高先生在此地偶然发掘出一块石刻，上面镌刻着"花径"二字。受此启发，他发起并召集了一众社会名流进行捐款，用以建造景白亭与花径亭，并在园内广泛种植五百余株桃树。位于景白亭前的《景白亭记》，则是由陈三立先生亲笔撰写。

仙人洞：在花径公园西入口外进入锦绣谷，

赣北庐山休闲之旅

14 中国自驾游

▼庐山三叠泉

江西省

▼庐山三叠泉

庐山恋

由江西九江的作家毕必成担纲编剧，上海电影制片厂出品的电影《庐山恋》于1980年公映。这是"文化大革命"后国内第一部表现爱情的电影，同时也开创了中国电影史上的第一幕吻戏，还创造了"世界上在同一影院连续放映时间最长的电影"的吉尼斯世界纪录。影片巧妙地融入了庐山的绝美风光与深厚历史背景，仿佛一部生动的庐山风光宣传片。尽管以今日的眼光来看，《庐山恋》或许带有一些复古的气息，但在当时，它赢得了诸多重要奖项，备受赞誉。影片中，女主角每次亮相都身着美丽的洋装，每一套都独一无二，即使在今天看来，依然不失其时尚与魅力。

沿锦绣谷往西南一直走可以到仙人洞，一路上能看到不少冰川遗迹。

大天池："大天池"实际上是天池寺内用于放生的池塘。天池寺曾是这座山上历史最为悠久的寺院，但如今已遭废弃，遗址静静地矗立于此，显得格外宁静。位于池塘西侧的拜月台，是一个拥有绝佳视野的观景地点。沿着台下的小径朝北行进，途中会经过圆佛殿以及一座古老的炮台。

东线

五老峰：第四峰是五老峰观日出的最佳地点。五峰之中，第三峰的景致最宜人，能俯瞰远处的水库，峰顶还有"日近云低""俯视大千"等石刻。从第五峰亭子前的路口能下山走到三叠泉。

含鄱口："千里鄱湖一岭含"，这里视野开阔，气势磅礴。含鄱口是庐山上最容易到达的看日出点。

植物园：庐山植物园是中国第一座亚热带山地植物园，由中国近代植物学界泰斗胡先骕、秦仁昌和陈封怀先生在1934年创办。松柏区种植的水杉是中国特有的"活化石"。

三叠泉：三叠泉是景区中最为著名的景点，尤其在雨水充沛的夏秋季节，瀑布三级跳跃式地坠入深潭，让人感慨攀登那1420级台阶的辛劳瞬间化为乌有。许多游客选择将三叠泉作为庐山之旅的终点，不选择上坡的原路返回，而是直接前往九江，或是继续探索之旅，前往白鹿洞书院和秀峰景区。

门票：160元
营业时间：全天开放
微信公众号：庐山智慧旅游

◆白鹿洞书院　　见13页地图

白鹿洞其实并非洞穴，而是一个盆地。唐代诗人李渤与李涉（那位写出"偷得浮生半

▼庐山五老峰

日闲"佳句的文人）两兄弟曾在此隐居研读。因李渤饲养了一头白鹿，他被誉为白鹿先生，这片地方也因此得名白鹿洞。书院在历史上曾一度荒废，直至南宋时期，大儒朱熹将其重新修复。朱熹还广邀众多知名学者前来此地讲学，其中不乏与他在铅山鹅湖书院有过激烈学术争论的陆九渊。目前所见的书院建筑，大多是在 1979 年之后陆续修复和重建的。

门票：40 元
营业时间：8:00—17:00
微信公众号：白鹿洞书院

◆**秀峰**　　　　　　　　　　见 13 页地图

李白的《望庐山瀑布》可谓家喻户晓，但诗中那飞流直下三千尺的瀑布以及紫烟缭绕的香炉峰究竟身处何方？庐山之上，香炉峰之名有三处，而现今人们普遍认定，诗中所描绘的香炉峰位于星子县的秀峰景区内。景区内潭水清澈、数量众多，山峦秀美多姿。其中马尾瀑布地理位置较高，给人一种从天而降的震撼感。不过枯水期风景一般。

门票：62 元
营业时间：8:30—17:30
微信公众号：庐山秀峰景区

景德镇市　0798

◆**景德镇中国陶瓷博物馆**　　见本页地图

景德镇中国陶瓷博物馆前身为 1954 年开馆的江西景德镇陶瓷馆，是中华人民共和国成立后第一家陶瓷专题博物馆。馆内收藏新石器时代的陶器和汉唐以来各个时期的陶瓷佳作共 5 万余件，涵盖了景德镇陶瓷史各时期的代表品种。景德镇中国陶瓷博物馆主体建筑共有 7 层，其建筑设计蕴含不少陶瓷元素：玻璃幕墙的花纹宛如瓷器表面的"冰裂纹"，一层大厅形似窑炉的炉膛，各层之间由长长的通廊连接，其造型仿照古代烧瓷用的龙窑。博物馆系统地诠释景德镇千余年瓷业薪火相传、发展脉络完整的历程，让观众从中品味到景德镇由瓷器而形成陶瓷产业，进而独步陶瓷制造业高峰，成为"瓷都"的发展历史。

门票：免费
营业时间：周二至周日 9:00—17:00
微信公众号：景德镇中国陶瓷博物馆

◆**景德镇古窑民俗博览区**　　见本页地图

此地汇聚了陶瓷文化的精髓所在，不仅囊括了宋元明清各代的古窑址，还设有国家级大师亲自参与制作的作坊。整个景区被"窑神童宾"铜像一分为二，铜像以东为核心景区，专门展示古窑与制瓷作坊。你可以先探访致美轩陶瓷陈列馆，那里陈列着官、哥、汝、定、钧五大宋瓷的代表作品，以及历代官窑的名瓷精品。紧邻其旁的风火仙师庙，是一座建于嘉庆年间的徽派建筑，庙内供奉着景德镇明朝时期的"窑神童宾"。核心景区内有 6 个各具特色的制瓷作坊，包括拉坯作坊、修模作坊、陈设瓷作坊、大件作坊、脱胎作坊等，每一处作坊都有非物质文化遗产的传承人现场展示他们精湛的技艺。此外，这里还有 4 座极具代表性的古窑址，它们分别是清代的镇窑、宋代的龙窑、元代的馒头窑以及明代的葫芦窑（其名称源于各自的窑形）。镇窑所在的窑房是其中规模最大的，它是中国现存最大的柴窑，一次可烧制上万件瓷器。窑房周围堆放的木桶，是瓷器入窑时所用的匣钵。镇窑对面还有一座小柴窑，是按照镇窑的比例缩小而建，游客可以步入其中，近距离观察窑内结构。"窑神童宾"铜像以北，则是另一片明清古建筑群，这里主要介绍景德镇的陶瓷民俗文化。

门票：95 元
营业时间：8:00—17:30
微信公众号：景德镇古窑民俗博览区

◆**御窑厂
国家考古遗址公园**　　　　见本页地图

御窑厂在明代被称为御器厂，创建于明洪武二年（1369 年），于清宣统三年（1911 年）结束烧造历史，历经明清两朝，为宫廷烧造御瓷长达 542 年，是中国烧造时间最长、规模最大、工艺最精湛的官办瓷厂。御窑厂遗址位于景德镇老城区的中心地带。这是我国唯一一处全面和系统反映官窑陶瓷生

江西省 17

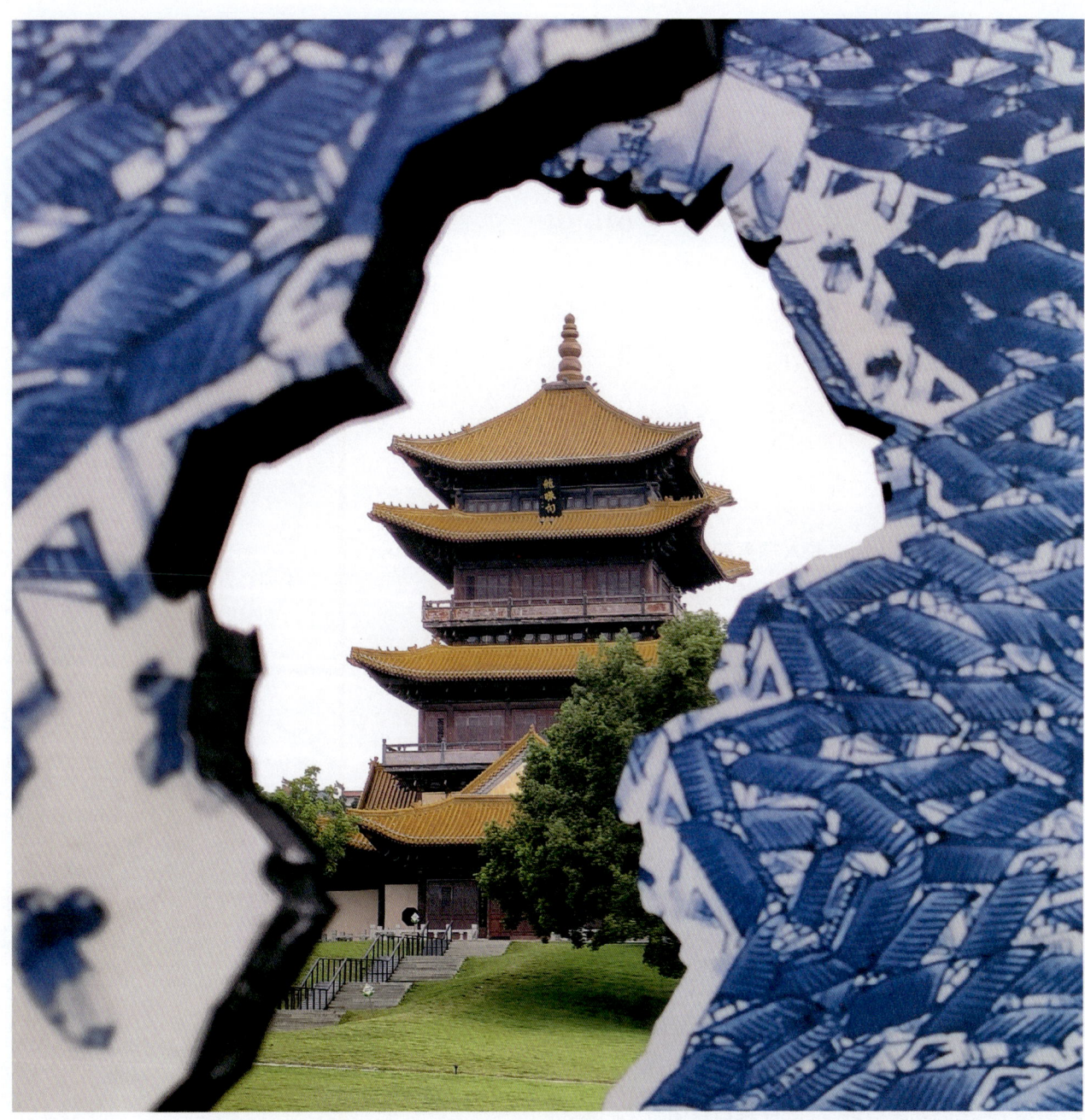

▲ 御窑厂国家考古遗址公园

产的历史遗存，地下埋藏极为丰富，已发现明代洪武、永乐、宣德时期的窑炉和其他遗迹，出土了大量明代、清代各类陶瓷文物，对研究我国陶瓷发展史有着极为重要的意义。

门票： 免费
营业时间： 9:00—22:00
微信公众号： 景德镇御窑博物院

◆ 三宝国际陶艺村 见11页地图

三宝国际陶艺村，简称三宝村，是一个集创作、生活与展览为一体的艺术圣地。这里吸引了来自五湖四海的艺术家，他们纷纷在此设立工作室，不断探索陶瓷艺术的新边界，为传统陶瓷文化注入新的活力。步入三宝村，沿途可见众多工作室与作坊，它们大多敞开大门，热情欢迎每一位访客的到来。在这些工作室中，无论是烧前还是烧后的陶瓷作品都琳琅满目，让人目不暇接。你可以自由地欣赏、把玩那些已完成的作品，但请务必小心，避免触碰那些待烧的作品，以免留下指印，影响它们的完美。三宝蓬艺术中心和三宝国际陶艺村博物馆这两大文化地标，时常会举办丰富多彩的文化展览、艺术讲座以及陶艺深度体验课程等活动。在这里，你可以放慢脚步，细细品味这份独特的艺术氛围，让心灵得到一次深刻的洗礼。

门票： 免费
营业时间： 全天
微信公众号： 景德镇三宝国际陶艺村博物馆

食宿推荐

🍚 **当地美食**

南昌市 白糖糕、拌粉、瓦罐汤、冰糖发糕、大麻枣

九江市 萝卜饼、桂花年糕、石鱼爆蛋、笋衣烧肉、九江炒粉

景德镇市 饺子粑、碱水粑、高岭土煨肉、瓷泥煨鸡、塔前糊汤

🚗 **热门住宿地**

南昌市 八一广场、滕王阁、红谷滩区

九江市 庐山风景名胜区、牯岭街、东林大佛

景德镇市 陶溪川文创街、人民广场、三宝国际陶艺村

赣北庐山休闲之旅

2

赣东北山水古韵之旅

景德镇市 ➡ 上饶市 ➡ 鹰潭市 ➡ 南昌市

里程：774 公里
天数：8 天
驾驶难度：★★★☆☆
新能源车友好度：★★★☆☆

赣东北山水古韵之旅

赣东北是一片值得深入探索的宝地：三清山、龙虎山、葛仙山与灵山皆与道教渊源深厚。粉墙黛瓦的婺源，宛如岁月描绘的黑白画卷，成为水墨画灵感的源泉。每一栋古朴的老宅，都承载着书香门第或仕宦人家的悠悠历史；乡间蜿蜒的青石板古驿道与繁盛的树木，构成了一幅幅动人的田园诗画。高速公路早已四通八达，赣西北的自驾之旅也变得比以往任何时候都更加轻松。

行程安排

第1天 ①景德镇市 ➡ ②瑶里古镇　59 公里

从景德镇市出发，沿 S306、S205 前往浮梁县的**瑶里古镇**，途经**浮梁古县衙**游览。夜宿瑶里古镇。

第2天 ②瑶里古镇 ➡ ③思溪延村　61 公里

③思溪延村 ➡ ④月亮湾　13 公里

④月亮湾 ➡ ⑤李坑　11 公里

⑤李坑 ➡ ⑥汪口　10 公里

⑥汪口 ➡ ⑦篁岭　20 公里

从瑶里古镇出发，前往上饶市婺源县游览。先沿 S302 前往**思溪延村**。而后沿 S302、G237 游览**月亮湾、李坑、汪口、篁岭**，夜宿篁岭。

第3天 ⑦篁岭 ➡ ⑧晓起　21 公里

⑧晓起 ➡ ⑨婺女洲　27 公里

从篁岭出发，沿 G237 到达**晓起**，而后沿 G56 前往**婺女洲**，夜宿婺女洲。

** 由此可前往安徽省黄山市

第4天 ⑨婺女洲 ➡ ⑩三清山　109 公里

从**婺女洲**出发，沿 G0321、G6021、S202 至玉山县**三清山**。夜宿三清山下。

江西省　19

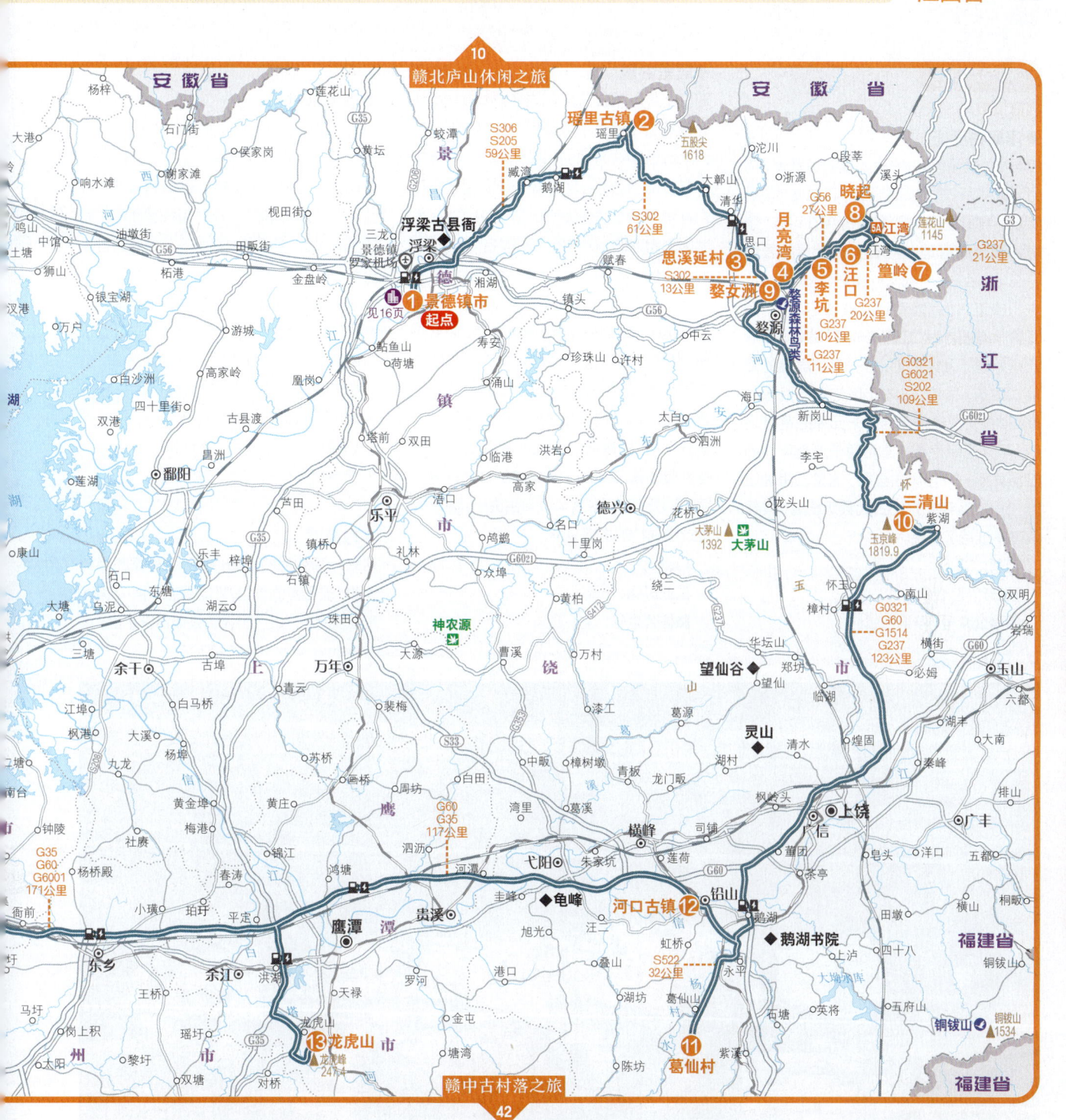

第5天 ⑩三清山 ➡ ⑪葛仙村　**123 公里**

从三清山出发，沿 G0321、G60、G1514、G237 前往上饶市，沿途可游览广信区的**望仙谷**和**灵山**。而后到达铅山县的**葛仙村**。夜宿葛仙村。

第6天 ⑪葛仙村 ➡ ⑫河口古镇　**32 公里**

从葛仙村沿 S522 前往**河口古镇**，沿途可观赏**鹅湖书院**。夜宿河口古镇。

** 由此可前往福建省武夷山

第7天 ⑫河口古镇 ➡ ⑬龙虎山　**117 公里**

从河口古镇出发，沿 G60、G35 前往鹰潭市贵溪县的**龙虎山**游览。夜宿龙虎山附近。

第8天 ⑬龙虎山 ➡ ⑭南昌市　**171 公里**

从龙虎山出发，沿 G35、G60、G6001 前往南昌市，可参考线路 ❶ "赣北庐山休闲之旅"中的南昌市景点，而后结束行程。

途中亮点

景德镇市 0798

◆浮梁古县衙
见19页地图

白居易《琵琶行》中"商人重利轻别离，前月浮梁买茶去"提到的浮梁，正是此地。尽管现今浮梁隶属于景德镇市，但在过去，景德镇归浮梁管理。浮梁，作为昔日的县治所在地，诞生了一代又一代瓷都父母官。从城门楼进入后，能看到在牌楼的东侧，矗立着一座被誉为"江西第一塔"的红塔。这座塔始建于北宋时期，是一座7层高的空筒式建筑。据传，在朱元璋与陈友谅激战鄱阳湖之时，红塔曾作为朱元璋的避难之所。浮梁还保存着一座始建于道光年间的五品县衙——浮梁古县衙。这是江南地区唯一一座保存完好的古代县级衙署，其建筑基本维持了原貌。

门票： 45元
营业时间： 8:00—18:00
微信公众号： 浮梁古城

◆瑶里古镇
见19页地图

瑶里被誉为"瓷之源、茶之乡、林之海"，地理位置上恰好处于景德镇与婺源之间，巧妙地融合了这两地的独特风情。从古老的瓷窑、作坊到码头遗址，无一不彰显着它与瓷都景德镇的深厚渊源。早在唐代，这里就因瓷窑密布、作坊繁多而得名"窑里"。到了元代，瑶里丰富的高岭土资源更是助力景德镇在全国制瓷业中独占鳌头。瑶里的古镇风貌、宗祠建筑、徽饶古道、油菜花田、壮丽瀑布以及广袤林海充满了浓郁的田园诗意。瓷茶古镇作为瑶里的核心景点，其徽派建筑风格与婺源的村庄有着显著的差异。这里的建筑不再以白墙黛瓦为主，而是青砖裸露，展现出一种别样的古朴韵味。古镇对外开放，游客可以自由进出，尽情领略这份独特的古镇风情。

门票： 免费
营业时间： 全天
微信公众号： 瑶里景区

上饶市 0793

◆思溪延村
见19页地图

思溪延村始建于南宋庆元五年（1199年），至今已有800余年历史。景区由延村和思溪两部分组成，思溪村因建村者俞氏（鱼儿）思念溪水而得名，延村因村落面向川流不息的溪水，乡民期望后世子孙绵延百世而寓名。村落中现保留着136幢以商宅和官邸为主的明清古建筑，村落以青石板铺地，背靠青山，面向清溪和稻田，村庄与以秀水青山为代表的优雅自然风光融为一体。延村的建筑密度很高，昔日"群屋一体"，据说古人雨天在村内行走可以衣衫不湿。

门票： 55元，婺源联票210元
营业时间： 7:30—18:30

◆月亮湾
见19页地图

这处一弯如月的小岛，是水墨婺源的经典代表、摄影者的天堂。小岛夹在两岸之间，形状犹如一弯月，放眼望去如静卧水面，小

▼思溪延村

▲ 篁岭晒秋

岛精巧，湖水翠绿，笼罩在晨雾中的山峦跌宕起伏，山下黛瓦白墙组成的古村落在袅袅炊烟中呈现。观赏月亮湾的最佳角度在山上的观景台，从观景台望下去，可以看出月亮湾的月牙完整形状。清明前后的油菜花季人气最旺，远远眺望，惊艳异常。

门票： 免费
营业时间： 全天开放

◆ 李坑 见19页地图

李坑是一个有着千年历史的村落，以小桥流水的景致闻名，这里的民居都是非常典型的徽派建筑。这里同时是李姓家庭的聚集地，自古文风鼎盛、人才辈出。南宋时期还出过一位武状元——李知诚，他的故居里有一棵800多岁的紫薇树。丁余堂和大夫第是村内的两座标志性古建筑。丁余堂是一座商宅，为清初时期的李瑞材所建故居；而大夫第则是一座官宅，其建造年代可追溯到清咸丰年间，其木雕工艺较丁余堂更为精细。继续深入村庄，你还会发现一座建于明末的申明亭，这里曾是村民们议事和处理纠纷的地方。

门票： 55元，婺源联票210元
营业时间： 7:30—19:30
微信公众号： 李坑景区

◆ 汪口 见19页地图

在明清时期，汪口是一个至关重要的水运码头和商业聚集点，吸引了饶州、九江、鄱阳等地的商船，它们纷至沓来，将粮食、布匹、日用品等货物运送到此，然后再通过陆路运往徽州各地。古街蜿蜒贯穿整个村庄，街两旁的巷子名称蕴含着往昔的行业痕迹，如酒坊巷、柴薪巷、赌坊巷等，它们无声地诉说着往昔。汪口的一大亮点是俞氏宗祠，这座建于清乾隆年间的建筑，以其独特的砖木结构和三进式设计，通过天井巧妙地连接在一起。而木雕则是宗祠内真正的瑰宝，斗拱、脊吻、雀替等每一处都经过精雕细琢，展现出极高的工艺水平。尤其令人赞叹的是梁枋上那些技艺精湛的木雕，它们不仅展示了古代工匠的非凡技艺，更承载了深厚的历史文化价值。

门票： 55元，婺源联票210元
营业时间： 7:30—17:00

◆ 篁岭 见19页地图

群山环抱的篁岭流传着独特的晒秋习俗。在金秋时节，家家户户的房前屋后都会架起长长的竹架，上面托起竹匾，用以晾晒红艳艳的辣椒、金灿灿的稻谷和黄澄澄的黄豆，构成一幅幅绚烂的秋日画卷。乘坐缆车缓缓上山，沿途会经过象征春、夏、秋、冬的四个亭子和水口红豆杉林。之后，你会到达两个观景台，从这里可以俯瞰层层叠叠的梯田花海。连接这两个观景台的，是一座长达200米的卧云悬索桥，桥的中间还巧妙地设置了两处透明玻璃板，让你在桥上漫步时能够体验到凌空而行的刺激与奇

妙。景区的核心区域是那条长达500米的"村落天街访古"，在这里，晒秋已不再是秋天的专属风景。如今，只要你选择避开阴雨天气，一年四季都能欣赏到这独具特色的"晒秋"景象，感受那份来自古老村落的质朴与韵味。

门票： 145元
营业时间： 全天
微信公众号： 婺源篁岭景区

◆ **晓起** 见19页地图

晓起是一个始于唐代的古村落，由上晓起和下晓起构成，上晓起以官宅众多而著称，而下晓起则因商第林立而闻名。下晓起的继序堂乃清末婺源首富、茶商汪允璋荣归故里后精心建造的宅邸，其门罩上的"江南第一雕"十分精美。与之相邻的礼耕堂，同样出自汪允璋之手，其格局更为开阔，且同样拥有着精美的三雕。继续前行，千年红豆杉与古樟等古木参天，诉说着岁月的沧桑。沿着田间古道漫步，便可抵达宁静的上晓起，那里才是晓起真正美丽的所在。连接上下晓起的青石板路中间有一道深深的沟槽，那是明清时期运送货物的独轮车留下的车辙印记。而高门槛内的江氏宗祠，则是此村最大、最奢华的建筑，由江人镜修造而成，堂中的匾额更是出自林则徐之手，彰显着其不凡的历史地位。

门票： 60元，婺源联票210元
营业时间： 7:30—18:00

◆ **婺女洲** 见19页地图

婺女洲就在婺源的县城中心，整个景区围绕着婺源本土神话传说"婺女飞天"和"五显财神文化"铺陈，小桥流水，亭台楼阁，一步一景。如果想求个考学的好意头，可以前往婺女洲内的五百进士廊和文昌书肆。婺源自古就崇文重教，自从有科举制度以来，已经有五百多人中过进士。考取"贡生"功名的士子，会在家乡树立一座功名旗杆，以彰显家族的荣耀。婺女洲将婺源有名的进士按照古时传统复刻在旗杆上，蔚为壮观。这里还有中国四大名砚之一的歙砚工坊，在这里你可以见识到完整的歙砚制作工艺，从选石、构思、定型、图案设计，到雕刻、打磨、配制砚盒等多道工序，深度感受国家级非遗文化。如果你是金庸武侠迷，可以前往位于徽市街的金庸武侠文化馆。这里是为金庸武侠迷们打造的一个武侠精神世界，让大家可以在此重温金庸笔下的江湖，深入了解"侠"之所在。夜幕降临，不要错过宛如天上宫阙般的"悬空金阁"，瀑布从阁楼上倾泻而下，在灯光和烟雾的衬托下仿佛漂浮在空中。

门票： 110元
营业时间： 全天
微信公众号： 婺女洲度假区

◆ **三清山** 见19页地图

三清山是道教名山，是历代道家修炼场所，自东晋葛洪开山以后，便渐为信奉道学的名家所向往。因玉京、玉虚、玉华三座山峰挺拔屹立，神似道教玉清、上清、太清三位尊神列坐在山巅之上而得名。大自然以鬼斧神工塑造着三清山，花岗岩幻化出千姿百态的奇峰异石。"奇峰怪石、古树名花、

▼ 婺女洲

江西省　23

▼ 三清山

赣东北山水古韵之旅

流泉飞瀑、云海雾涛"并称自然四绝。春有杜鹃漫山绽放，夏则绿树成荫，秋来层林尽染，冬日雾凇点缀枝头。你可以选择乘坐缆车悠然上山，饱览壮丽美景；亦能披星戴月，晨迎朝霞，徒步三清，体验山间的宁静，静候日出。踏入主景区之外的广袤山林，你将发现更多原始自然的野趣。

门票： 120元
营业时间： 旺季（2月1日—12月31日）8:00—17:00（周一至周五），7:30—17:30（周六、周日）；淡季（1月1日—31日）8:30—16:30
微信公众号： 三清山旅游

◆葛仙村　　见19页地图

葛仙山上的道观与寺庙总是吸引着虔诚的人们前来祭拜祈福。道观供奉的是道教灵宝派始祖葛玄，也就是民间传说中的太极仙翁。传闻东汉年间，他便是在这里飞升成仙，此地也因此得名"葛仙山"。境内峰岗叠耸，壑谷纵横，山形地貌奇秀峻绝，仿佛置身水墨画中。秋意渐浓，在天境台能一览四方云山。你还可以选择泛舟湖上，观赏两岸的风景，这里既有江南的灵秀，又不乏山野的峻峭。葛仙山下是葛仙村，这是个商业化运营的村落，但是与自然风光融合得很好。传统的徽式建筑，让这里看起来仿佛还保留着千余年前的记忆。夜幕降临，你可以穿上汉服，走在灯火通明的灵宝街上，看游人如织，沉浸式体验仙气与烟火气交织。

门票： 130元
营业时间： 全天
微信公众号： 葛仙村旅游度假

◆灵山　　见19页地图

巍峨秀美的灵山属于侵蚀构造地貌，其核心景区高悬于山巅之上。一条长达8公里的环形栈道凌空而建，巧妙地穿梭于峭壁之间，将各个景点紧密相连。这里的花岗岩怪石形态各异，多达二十余种，它们有的源自地下岩浆的猛烈喷发，有的则是历经风雨侵蚀与风化剥蚀的自然杰作。值得一提的是，灵山的云海奇观令人叹为观止，而当雨天来临，行走在栈道上，云雾缭绕，仿佛置身于仙境，有腾云驾雾般的奇妙感受。

门票： 95元
营业时间： 8:00—17:30
微信公众号： 江西灵山

◆望仙谷　　见19页地图

望仙谷隐于灵山北麓，钟灵毓秀的灵山连绵起伏成月牙形，谷借山势舒展，水顺谷向漫延。松涛竹海，云雾缭绕，一片缥缈。这里远离尘世喧嚣，连绵起伏的山峰在蜿蜒狭长的峡谷中延伸，山林苍翠欲滴，瀑布飞流直下。倘若你想体验古村落的繁华热闹，山谷中鳞次栉比的赣东北传统民居可满足你对仙侠小镇的无限向往。大面积的夯土墙、碎石墙搭配木质小窗，极具地域特色。瑞禽瑞兽、缠枝花、民俗典故雕刻在木头、砖头和石头上。黄墙灰瓦夯土房依山

▼望仙谷

▲ 龙虎山

伴水,街道上错落有致的青石板、临街铺面带着岁月痕迹的木门,留住了传统村落的神韵。

门票: 120元
营业时间: 9:00—17:30
微信公众号: 望仙谷

◆ 鹅湖书院　　见19页地图

鹅湖书院为"江南四大书院"之一。其历史可追溯至南宋时期的"鹅湖之会"。1175年,朱熹、陆九渊等四位贤哲于鹅湖寺进行了为期三天的哲学激辩,此即著名的"鹅湖之会"。后人为纪念此次盛会,于鹅湖寺旁修建了"四贤祠"。明朝扩建重修后更名为"鹅湖书院"。

书院内保留有众多明清时期建筑,有建于明代的状元桥,相传走过此桥便能高中状元,吸引了无数学子前来踏足。而御书楼内则保存着康熙帝亲题的"穷理居敬"匾额。此外,书院内还设有文化展示厅,供游客深入了解鹅湖书院的历史与"鹅湖之会"的精髓。

门票: 30元
营业时间: 9:00—17:00

◆ 河口古镇　　见19页地图

河口古镇会颠覆你对古镇的惯有印象,这里安静而冷清,住户是在此生活了几十年的本地人,只有周末才会迎来一些省内游客和摄影爱好者。穿过一片新建的仿古建筑,拐入二堡街才算真正进入古镇。脚下的石板路在民国时便存在了,民居无一不拥有长长的门板。有历史意义的古建筑都已"上牌",介绍了它们在清朝或民国时作为药店、银楼、油行、邮局、书店等的历史。镇内小河蜿蜒回转,一座座青石桥横跨两岸,增添了小镇的水乡情调。沿江码头的碑石上,字迹历历可见,令人回想起当年"货聚八闽川广,语杂两浙淮扬,舟楫夜泊,绕岸灯辉"之盛。

门票: 免费
营业时间: 全天

鹰潭市　0701

◆ 龙虎山　　见19页地图

龙虎山与龟峰一同作为"中国丹霞"联合申遗成功,跻身世界自然遗产地。推荐先探访龙虎山地质博物馆,这里详尽阐述了龙虎山与信江盆地的形成历程,以及丹霞地貌的独特特征和分类。泸溪河如一条碧绿的丝带穿过。河北岸延伸出一条3公里长的高空栈道,漫步其间,你可近距离观赏到丹霞崖壁的倾斜岩层、单面山等地质奇观,其中最引人注目的便是象鼻山。而泸溪河的南岸,则是因古越人悬棺而闻名的仙水岩。沿着河岸的栈道向上,你将目睹龙虎山景区内最大规模的悬棺群。不远处,便是龙虎山的独特景观——仙女岩,这种丹霞竖状洞穴地貌在全球范围内都极为罕见,令人叹为观止。

门票: 135元
营业时间: 夏令时 7:30—17:30,冬令时 8:00—17:00
微信公众号: 江西龙虎山景区

食宿推荐

🍲 **当地美食**

景德镇市 饺子粑、碱水粑、高岭土煨肉、瓷泥煨鸡、塔前糊汤

婺源县 糊豆腐、粉蒸肉、沱川蒸豆腐、荷包红鲤鱼、清明果

上饶市 灯盏粿、铅山烫粉、广丰炒粉、弋阳年糕、婺源汽糕

鹰潭市 上清豆腐、鹰潭天师板栗、茄子干、贵溪捺菜

🏨 **热门住宿地**

景德镇市 陶溪川文创街、人民广场、三宝国际陶艺村

婺源县 篁岭、婺女洲

上饶市 万达广场、金龙岗步行街、上饶汽车站

鹰潭市 龙虎山、月湖区

赣东北山水古韵之旅

赣南历史文化之旅

赣州市

里程：672公里
天数：6天
驾驶难度：★★☆☆☆
新能源车友好度：★★★☆☆

回溯先人的足迹，探寻龙南沿途的客家围屋，百折不挠的客家精神定会令你印象深刻。在赣州这座江南宋城，处处都是历史的足迹，足以让你怀想那个千余年前的繁盛朝代。赣南的美食也是一绝，吃遍十八县不重样，绝对是你旅行中的亮点。

行程安排

第1天 ①龙南市
选择游览赣州市龙南市周边的客家围屋**关西围**、**燕翼围**、**栗园围**、**乌石围**。夜宿龙南市内。

第2天 ①龙南市 ➡ ②赣州市　135公里
从龙南市出发，沿G4521、G323前往赣州市区。中途可前往信丰县品尝一下四季不断的鲜果，而后到达章贡区，游览**通天岩**。夜宿赣州市内。

第3天 ②赣州市
在章贡区游览**赣州古城墙**、**郁孤台**、**赣州文庙**、**灶儿巷**。夜宿赣州市内。

第4天 ②赣州市 ➡ ③梅关古驿道　101公里

第5天 ③梅关古驿道 ➡ ④上堡梯田　105公里
从赣州市出发，沿G323、G4521、S66、G6011前往大余县的**梅关古驿道**参观。之后沿G220前往崇义县的**上堡梯田**。夜宿上堡梯田附近农家乐。

第5天 ④上堡梯田 ➡ ⑤兴国县　204公里
从上堡梯田出发，沿G76、G6011前往兴国县，游览**三僚风水文化景区**。夜宿兴国县内。

第6天 ⑤兴国县 ➡ ⑥石城县　127公里
从兴国县出发，沿G72前往石城县，途经宁都县可以吃个正宗宁都三杯鸡。在石城县内游览**通天寨**、**大畲村**后，结束行程。

▼ 古今交融的赣州

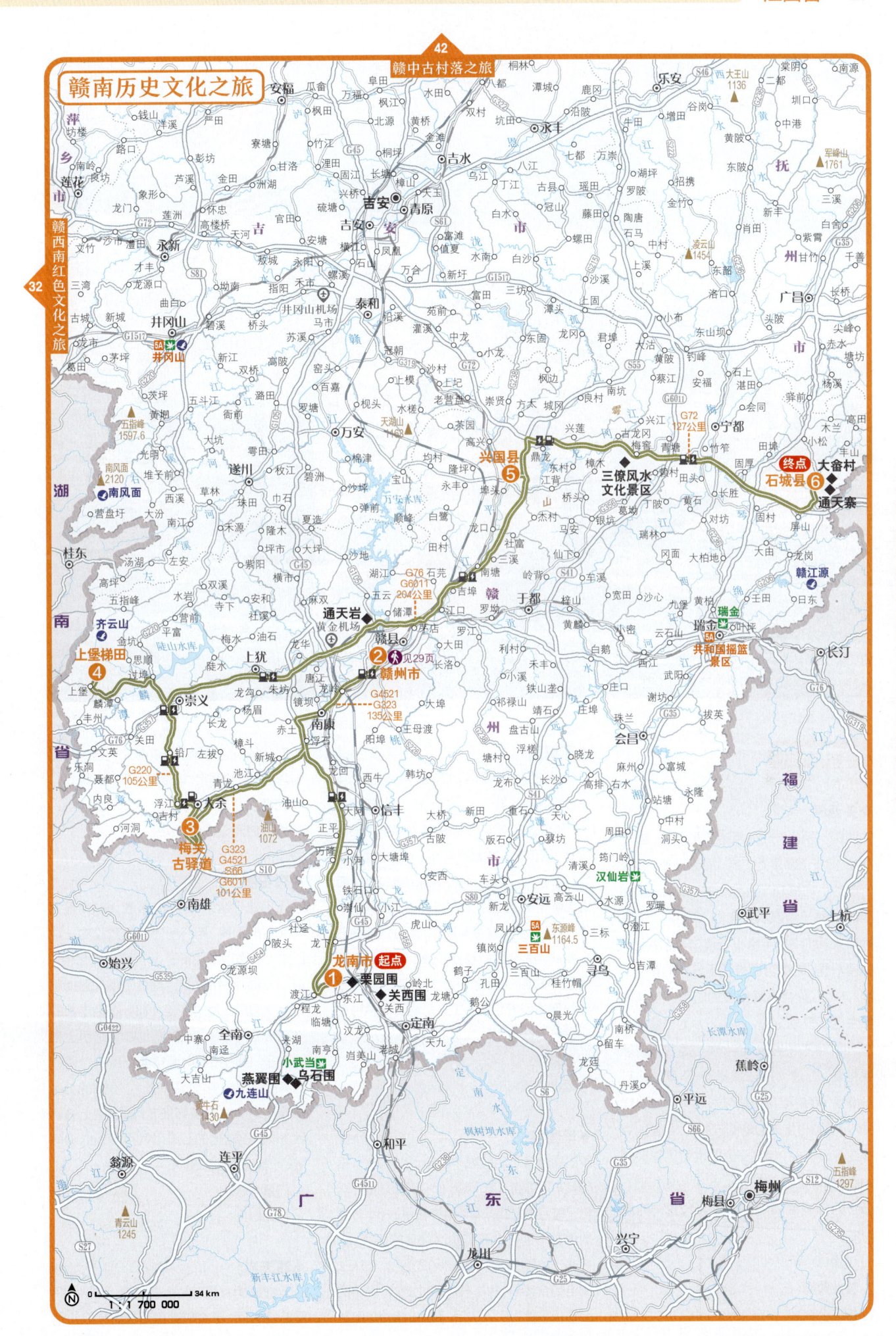

赣南历史文化之旅

▲ 关西围

途中亮点

赣州市 0797

◆ **关西围** 见27页地图

关西围，形似一座巍峨的方形碉堡，围墙高约10米，厚度近1米，线条硬朗，其上密布的小巧枪洞是其唯一的装饰元素。此围屋始建于清嘉庆三年（1798年），由徐姓商人耗时29年精心打造，与龙南众多围屋一样，防御功能被置于设计的首位。步入东门，你会发现围屋的防御外壳与内部生活区严格分隔，内部巧妙地嵌套了一座"回"字形的客家大宅，中心是庄严的徐家祠堂，三进大厅依次排开。下厅门口石狮威猛，厅内雕花窗棂与彩绘栋梁精致细腻，尽显昔日主人的富贵与讲究。尽管如今厅内陈设已空，但柱子上时常可见喜庆的大红对联，相传徐家后人在举行婚礼时，仍会回到祠堂，祭拜先祖，延续这一传统习俗。

门票： 60元
营业时间： 8:30—17:00
微信公众号： 龙南旅游发展集团官方

◆ **燕翼围** 见27页地图

燕翼围的历史可以追溯至清顺治七年（1650年）。鉴于当地历史上频繁的匪患，燕翼围在建造之初便融入了多重防御设计。据传，其内壁曾涂抹了一层由糯米和薯粉混合而成的厚墙皮，以备不时之需，若遇土匪围困，守围者甚至可掰下墙皮充饥。然而，历经多次修缮与粉刷，如今的墙体已不复此功能。尽管在规模上，燕翼围可能稍逊于关西围，但其高达15米的外墙与独特的四层回廊结构，在龙南地区依然独树一帜。

门票： 免费
营业时间： 9:00—17:00

◆ **栗园围** 见27页地图

栗园围始建于明弘治十四年（1501年），据传其布局仿照八卦而设。如今的栗园围已弱化了曾经的防御功能，炮楼数量减少，转而成为龙南围屋中最具生活气息的代表。它并非一座严格意义上的封闭式围屋，围墙未完全闭合，围内房屋布局随性自然。围中的纪缙祖祠尤为引人注目，其建筑豪华，雕梁画栋，斗拱镂刻精细，天花板上仍能隐约见到昔日的彩绘图案，诉说着当年的辉煌。

门票： 10元
营业时间： 8:00—17:30

◆ **乌石围** 见27页地图

这座始建于明万历年间、被誉为赣南最古老的客家围屋，因门前池塘边矗立的一块巨大乌石而得名乌石围。其围墙设计独特，前部方形而后部圆形，融合了粤东围拢屋与南靖圆形土楼的精髓，同时，在后半部的半圆形走马楼上，还能隐约窥见闽西土堡的影子。围内布局则遵循典型的三堂两横府第式民居结构，庭院深处，不少房间仍保留着丰富的建筑装饰细节，如窗棂上的精致木刻、柱础上的石雕以及月梁上的绚丽彩绘，都值得细细品味。

门票： 免费
营业时间： 8:30—17:30

◆ **通天岩** 见27页地图

通天岩被誉为"江南第一石窟"，在这片丹霞石峰之间，至今仍珍藏着自唐宋以来的

江西省 29

特别呈现

漫步赣州

起点：江南宋城历史文化旅游区
终点：钓鱼台小吃街
距离：约3公里
需时：约3小时

行程从 ❶ **江南宋城历史文化旅游区**开始，虽然是仿古建筑，但古色古香的韵味十足。这里是赣州市政府倾心打造的旅游新地标，沿街商铺林立，更有客家大院等仿古建筑错落其间。

沿指示牌登上 ❷ **郁孤台**，凭栏远眺，赣州城区的繁华景致与蜿蜒的章江水尽收眼底。从郁孤台后门前往 ❸ **赣州古城墙**，漫步其上几分钟便能抵达 ❹ **蒋经国先生旧居**，感受历史的沉淀。继续沿城墙前行，墙外章江滚滚东流，墙内则是一片绿意盎然，景致宜人。

❺ **八境台**需要购票进入，章江与贡江在此交汇的景象，蔚为壮观。从瓮城出去，沿贡江岸边前行，过 ❻ **涌金门**时，不妨细观城墙青砖上镌刻的铸造铭文。

不远处，❼ **东河古浮桥**静卧贡江之上，此桥由近百木舟以铁索相连，已经有800多年的历史了。返回岸边，❽ **建春门**巍然矗立，登门楼远眺，浮桥全貌尽收眼底。穿过建春门，步入赣州古玩城旁的烧饼巷，不远处便是充满古韵的 ❾ **灶儿巷**。巷末的董府，一座九井十八厅客家民居，如今已转型为赣南风味菜馆。离开董府，左转沿和平路前行五分钟，南市街映入眼帘，这条承载着宋代记忆的老街，建筑多保留清代风格，砖雕门楼精致可赏。

行至海会路口，右转至厚德路，到达 ❿ **赣州文庙**。从文庙出发，沿厚德路西行约八百米，即可抵达当地人钟爱的 ⓫ **钓鱼台小吃街**，为这一天的旅程画上完美句点。

▲ 灶儿巷

赣南历史文化之旅

▲ 赣州文庙

315个窟龛和359尊造像，以及跨越北宋至民国的128处摩崖题刻。观心岩的岩洞曾作为王阳明讲学的圣地。在通天岩与翠微岩交界处，矗立着8尊唐代末年开凿的菩萨造像，它们是通天岩最早的摩崖造像之一。紧邻通天岩的广福禅林寺院后方悬崖上，排列着一系列造像，规模宏大，无声地诉说着历史。

门票： 55元
营业时间： 8:00—17:00
微信公众号： 赣州通天岩风景区

◆ **赣州古城墙** 见29页地图

这一段古城墙长约3600米，保留着数以万计的铭文墙砖城墙。城墙始建于唐末，在北宋嘉祐年间经过扩建，初具规模。建议从郁孤台开始游览古城墙，城墙沿章江岸边向东延伸。在八境台前，还有保存完好的二层炮城。郁孤台至八境台一段，可以登上城墙漫步前行，墙外是向北而去的章江之水，墙内是花树簇拥一派生机。

门票： 30元
营业时间： 9:00—17:00

◆ **郁孤台** 见29页地图

辛弃疾所写的"郁孤台下清江水，中间多少行人泪"，让郁孤台闻名天下。作为旧时宋城的最高处，登临郁孤台，可俯瞰全城景色。宋代古城墙自台下逶迤而过，是虔州八境之一。如今的郁孤台已是重修后的样貌，但人们依然可以凭栏怀古。两株含笑树在台前枝繁叶茂，春来香气满园。

门票： 20元
营业时间： 8:00—18:00

◆ **赣州文庙** 见29页地图

赣州文庙的规模为江西五大文庙之首，除了祭祀孔子，它还曾是赣州清代县学所在地，在古代是级别较高的官办学校。走过状元桥，抬眼望去，一片黄绿相间的琉璃瓦屋顶十分醒目，这便是大成殿。殿顶装饰十分华丽，色彩鲜艳，用瓷器作檐脊装饰的彩瓷宝顶，全国罕见。对古建筑感兴趣的话，一定不要错过这里。

门票： 免费
营业时间： 8:00—18:00

◆ **灶儿巷** 见29页地图

灶儿巷街区格局初形成于宋代，现留存的主要是晚清建筑。巷不过200余米长，高高的青砖墙，斑驳的木门窗，以及残破的砖雕门楼幽深古朴，值得细细探寻。巷子里颇具名气的董府，其前身是裕民钱庄，南康地区的董家在赣州经商致富后购下此宅，打造成客家菜馆，很快成为赣州知名餐馆之一。一重接一重的天井与厅堂，正是典型的客家民居风格。董府的热闹与街巷的幽静形成别具一格的古韵景致。

门票： 免费
营业时间： 全天

◆ **梅关古驿道** 见27页地图

梅岭，历史上亦被称作大庾岭，自古以来便是沟通中原与岭南的天然要冲。公元716年，写下名句"海上生明月，天涯共此时"的张九龄，作为当时的宰相，提议并主持扩

江西省　31

建了这条连接中原与岭南的驿路。张九龄率众在梅岭劈山斩石，铺设道路，并沿途广植松树、梅树与枫香，使之蔚然成林，成为连接长江流域与珠江流域的关键陆上通道。道路两旁，古木参天，尤其是每年1月中旬至2月中旬，梅花竞相绽放；而秋风起时，枫叶如火，层林尽染，构成一幅美妙的秋日画卷。

门票： 40元
营业时间： 8:30—17:30

◆ 上堡梯田　　　见27页地图

上堡梯田最高海拔达1260米，最低280米，垂直落差近千米，层层叠叠，规模宏大，被称为"世界最大客家梯田"。上堡梯田具有悠久的农耕历史，黄元米馃、艾米馃、九层皮等传统客家美食，以及传统灯彩、戏曲歌舞、山歌民谣、刺绣木雕和竹制工艺品等客家艺术，为上堡梯田增添了浓郁的人文气息。金秋时节，梯田里的稻子成熟，一片金黄，与云雾缭绕的山峦交相辉映，美不胜收。

门票： 60元
营业时间： 8:30—17:30
微信公众号： 上堡梯田景区

◆ 三僚风水文化景区　　见27页地图

三僚风水文化景区被誉为"中国风水文化第一村"，其风水文化源远流长，距今已有1200多年的历史。景区内保存了大量的风水作品，如龟蛇相会、曾氏砂手、蛇形祠、虎形墓、七星池等。这里山水环绕，古木参天，处处都充满了神秘与智慧的气息。

门票： 80元
营业时间： 7:30—18:00

◆ 通天寨　　　见27页地图

沿着蜿蜒的木栈道，感受大自然的鬼斧神工。随后，踏上绝壁边的玻璃观景平台，眼前豁然开朗，壮观的"石笋干霄"映入眼帘。尽管平台并未完全悬空，但透过晶莹的玻璃，俯瞰脚下的万丈悬崖，仍让人心生惊险刺激。通天岩的巨石宛如两掌半合，仰望之间，仿佛能直通天际，故此得名。岩下设有观景台，站在这里远眺山下，南坑水库的一湾碧水宛如翡翠般镶嵌在群山之间，云雾缭绕时更是增添了几分缥缈与神秘。

门票： 50元
营业时间： 8:30—17:30
微信公众号： 石城通天寨景区

◆ 大畲村　　　见27页地图

通天寨下的大畲村已经被打造成赣南著名的赏花地，春天村外200多亩油菜花田金黄一片，盛夏时节，村前村后尽是盛开的美丽荷花。蓝天白云之下，一栋栋崭新的民房错落有致分布，风景秀美如画。最值得一看的是村内的南庐屋——始建于清乾隆年间，典型天井式砖木客家大屋，以其独特的99间半房设计而著称。南庐屋门前的半月形池塘水面如镜，倒映着高高的马头墙、枝叶繁茂的古柏树以及屋后通天寨连绵起伏的峰林。

门票： 免费
营业时间： 9:00—17:30

食宿推荐

🍲 **当地美食**

赣州市 客家烫皮、凤眼珍珠汤、三鲜捶鱼、板盖丸焖鸭、赣南鱼饼、崇义南酸枣糕、赣州麻通、南康酒糟鱼、会昌豆干

🛏 **热门住宿地**

龙南市 滨江广场
赣州市 江南宋城历史文化旅游区

▼ 通天寨

赣南历史文化之旅

赣西南红色文化之旅

萍乡市 ➡ **吉安市** ➡ **宜春市** ➡ **新余市** ➡ **吉安市** ➡ **赣州市**

里程：702 公里
天数：9 天
驾驶难度：★★★☆☆
新能源车友好度：★★★☆☆

作为中国共产党艰辛而辉煌奋斗历程的见证，红色资源是最宝贵的精神财富，沿着革命先辈的足迹，切身感受，深入体会，使其传承和延续、生生不息。这条赣西南红色文化之旅从萍乡市出发，经过宜春市、新余市、吉安市、赣州市，到达瑞金市，沿途感受先人风采，参观革命历史遗迹，重温红色记忆，接受精神洗礼。

行程安排

第1天 ①萍乡市 ➡ ②武功山　55 公里
在萍乡市内游览安源区的**秋收起义广场**、**安源路矿工人运动纪念馆**。而后沿 S533、S311 前往芦溪县的**武功山**。夜宿武功山内营地。

第2天 ②武功山
留足精力登顶武功山。夜宿武功山下。

第3天 ②武功山 ➡ ③宜春市　70 公里
从武功山出发，沿 S314、S242 前往宜春市。途经吉安市安福县的**羊狮慕**、宜春市袁州区的**明月山**。夜宿宜春市内。

第4天 ③宜春市
在宜春市内游览袁州区的**袁州谯楼**、**化成禅寺**、**状元洲**。夜宿宜春市内。

第5天 ③宜春市 ➡ ④仙女湖　48 公里
　　　　④仙女湖 ➡ ⑤吉安市　99 公里
从宜春市出发，沿 G220、G533 前往新余市渝水区的**仙女湖**。而后沿 G45、G105 前往吉安市，游览吉州区的**文山路步行街**和吉安县的**文天祥纪念馆**。夜宿吉安市内。

第6天 ⑤吉安市 ➡ ⑥井冈山市　99 公里
从吉安市出发，沿 G45、G1517 前往井冈山市。游览**井冈山革命博物馆**、**井冈山革命烈士陵园**。夜宿茨坪镇。

第7天 ⑥井冈山市
在井冈山景区内游览**茨坪旧居群**、**黄洋界**、**小井红军医院旧址**、**龙潭景区**。夜宿井冈山市内。

第8天 ⑥井冈山市 ➡ ⑦赣州市　204 公里
从井冈山出发，沿 G220、G105、G45 前往赣州市，途经遂川县**桃源梯田**游览，到达赣州市后，可参考线路二中的景点游览，夜宿赣州市内。

第9天 ⑦赣州市 ➡ ⑧瑞金市　127 公里
从赣州市出发，沿 G76 前往瑞金市。游览**共和国摇篮景区**、**罗汉岩**后，结束本次行程。

江西省 33

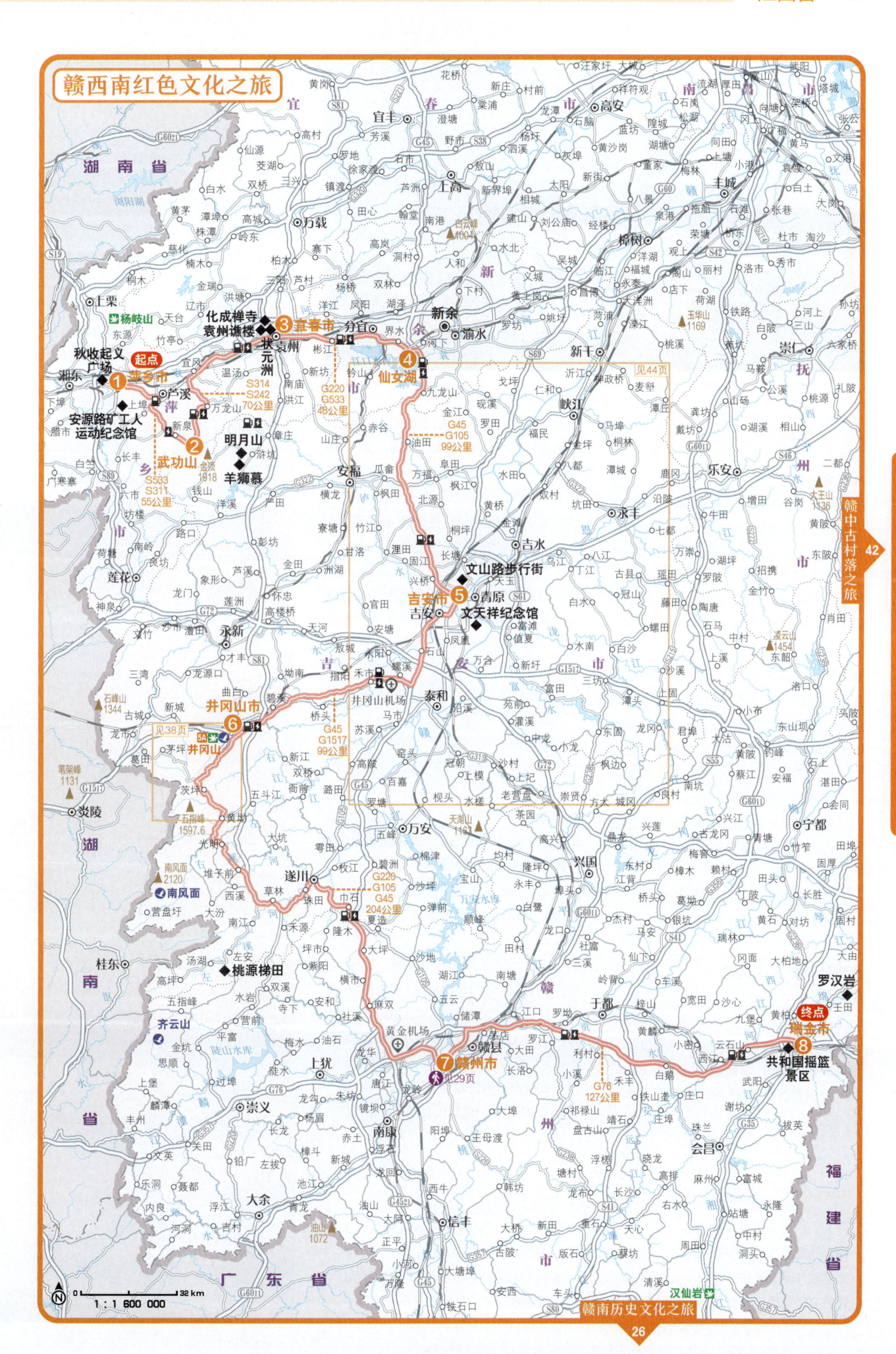

赣西南红色文化之旅

江西省

▲ 安源路矿工人运动纪念馆

途中亮点

萍乡市 0799

◆ 秋收起义广场 见33页地图

秋收起义是毛泽东在湖南东部和江西西部领导的工农革命军（即红军）举行的一次武装起义。秋收起义广场，原名昭萍广场，位于萍乡市城北，因建有秋收起义纪念碑而更名。广场以秋收起义纪念碑为重点，由中央广场、西北广场、东北广场和东西广场组成，占地面积约23万平方米。广场纪念碑正面是原国家主席江泽民题写的"秋收起义纪念碑"，后面题写的是毛泽东著名诗词《西江月·秋收起义》。碑身由3幅浮雕组成，画面依次是毛泽东主持秋收起义暴动会议、秋收起义和毛泽东带领工农革命军上井冈。广场南向中轴线上，五彩缤纷的音乐喷泉和气势恢宏的秋收起义纪念馆遥相呼应，是萍乡市区活动中心和城市风貌的重要标志。

门票： 免费
营业时间： 全天开放

◆ 安源路矿工人运动纪念馆 见33页地图

安源，地处江西省萍乡市中心城区，是中国工人运动的摇篮。安源路矿工人运动纪念馆就位于这里，它是纪念中国近代工业史上一段重要历史——"安源路矿工人大罢工"的场所。纪念馆保存了许多有关这次罢工的重要文物和资料，如工人们的罢工旗帜、信件、照片等，通过图片、实物、影像等形式，展示了工人们罢工前的生活状况、罢工的经过以及罢工运动的发展，生动地再现了工人们的斗争精神和不屈不挠的勇气。

馆区外的景色也美不胜收，四季如画，特别是造型雄伟的陈列大楼，外墙整个墙面铺有淡黄色的瓷砖，屋檐四周是金黄色的琉璃砖，两侧正墙面上铸有"星星之火，可以燎原"八个大字。可以说，纪念馆是萍乡地区标志性建筑物和一张亮丽的红色名片。

门票： 免费
营业时间： 周二至周日 9:00—17:00
微信公众号： 安源路矿工人运动纪念馆

◆ 武功山 见33页地图

有人曾这样描述武功山，"在中国的华东，罗霄山脉的北支，绵延970平方公里的山脉之上，从高山草甸，到云海日出，那山脊的深处有着旅行爱好者对徒步穿越最极致的怀想。"

武功山有一望无际的十万亩高山草甸，造就了江南最壮阔的云中草原。春夏的绿，秋天的金，冬雪的白，四时不同而皆美的武功山让人流连忘返。明明是南方，草甸辽阔得却让人仿佛身处西北。每一次去爬武功山，你都会被它的云中草原、日出日落、云海、浩瀚星空惊艳到。武功山有多个登山入口，多条特色各异的徒步路线，可以根据个人体力和计划用时决定具体路线和负重。

门票： 70元
营业时间： 8:00—17:00
微信公众号： 武功山景区

吉安市 0796

◆ 羊狮慕 见33页地图

羊狮慕风景区位于吉安市安福县境内，与武功山景区相邻，是国家4A级景区、国家森林公园、国家地质公园、国家自然遗产地、国家地质遗产地。因常年云雾蒸腾，常现"羊""狮"追逐嬉戏于山间的神奇气象景观，而得名"羊狮慕"。

景区以花岗岩峰林地貌为主，在这里，你可以欣赏到奇峰怪石、古树名花、流泉飞瀑、云海雾涛等自然景观，感受到大自然的魅

井冈山红色文化

井冈山作为中国革命的摇篮，保存了完好的100多处革命旧址遗迹，其中26处被列为全国重点文物保护单位，它们共同构成了井冈山独特的红色文化景观，吸引人们前来参观学习。来到井冈山，不仅是对革命先烈的缅怀和敬仰，更是学习和实践井冈山红色文化和历史，对于传承和弘扬革命精神都具有重要意义。

力。它是山水景观、生态景区的绝佳典范，素有"武功山水绝佳处，风景尽在羊狮慕"之称谓。它还有"中国福山"的美誉，因景区象形石不仅呈现了大自然的雄伟俊美，更镌刻着中国传统的"福"文化。山上还有一条很长的玻璃栈道，沿着栈道，可以一路欣赏景区里的山月峰、种德石、鸿鹄门、蟠桃石、金鸡归巢、如来神掌、天子峰等景观，走完全程起码要用半天时间，所以要做好充足的准备。

门票： 250 元（包含往返索道）
营业时间： 8:00—17:00
微信公众号： 羊狮慕风景区

宜春市　　0795

◆明月山　　见33页地图

明月山位于宜春市西南部，距离中心城区仅15公里。整个景区将月亮文化景观和自然景观有机融合，形成了"山上有个月亮湖，山下一个月亮湾，沿途都是月亮景，处处体现月亮情"的情景交融格局。但比起缥缈的传说和故事，明月山天然的竹林峡谷、飞瀑绝壁、悬空栈道才是吸引游客的重点。景区融山、石、林、泉、瀑、湖、竹海为一体，集雄、奇、幽、险、秀于一身，共分为8个部分，分别是潭下景区、青云景区、太平山景区、洪江景区、仰山景区、十八排景区、玉京山景区和温汤温泉休闲度假区。另外，这里还有"中国大陆第一，世界第三"的高山观光小火车，穿梭在海拔1700米的山巅，别有一番独特体验；若是遇到雨后初晴更能体会到穿梭云海仙境的乐趣。

门票： 95 元
营业时间： 8:00—16:00
微信公众号： 明月山旅游

◆袁州谯楼　　见33页地图

袁州谯楼于南唐保大二年（公元944年）由刺史刘仁瞻建造，属袁州府署的一部分。初建谯楼，是为敲鼓报时用的，即为鼓楼。在古代，鼓楼通常具备守时和报时功能，根据记载，南宋郡守在袁州谯楼上还加设了影表和定南针，使得这座平淡无奇的鼓楼具备了天文台的基本功能，成了中国现存最早从事时间工作的地方天文台。谯楼上原有设备均已失散，今天人们登楼所见之物皆为后世所加，恢复了铜壶滴漏钟、鼓、圭表等测时、守时和报时器具，添置了地动仪、黄道经纬仪、浑象、日晷、星晷、人体日晷等天文仪器，具有重要的科普意义。袁州谯楼与周围的天文广场融古典韵味与现代

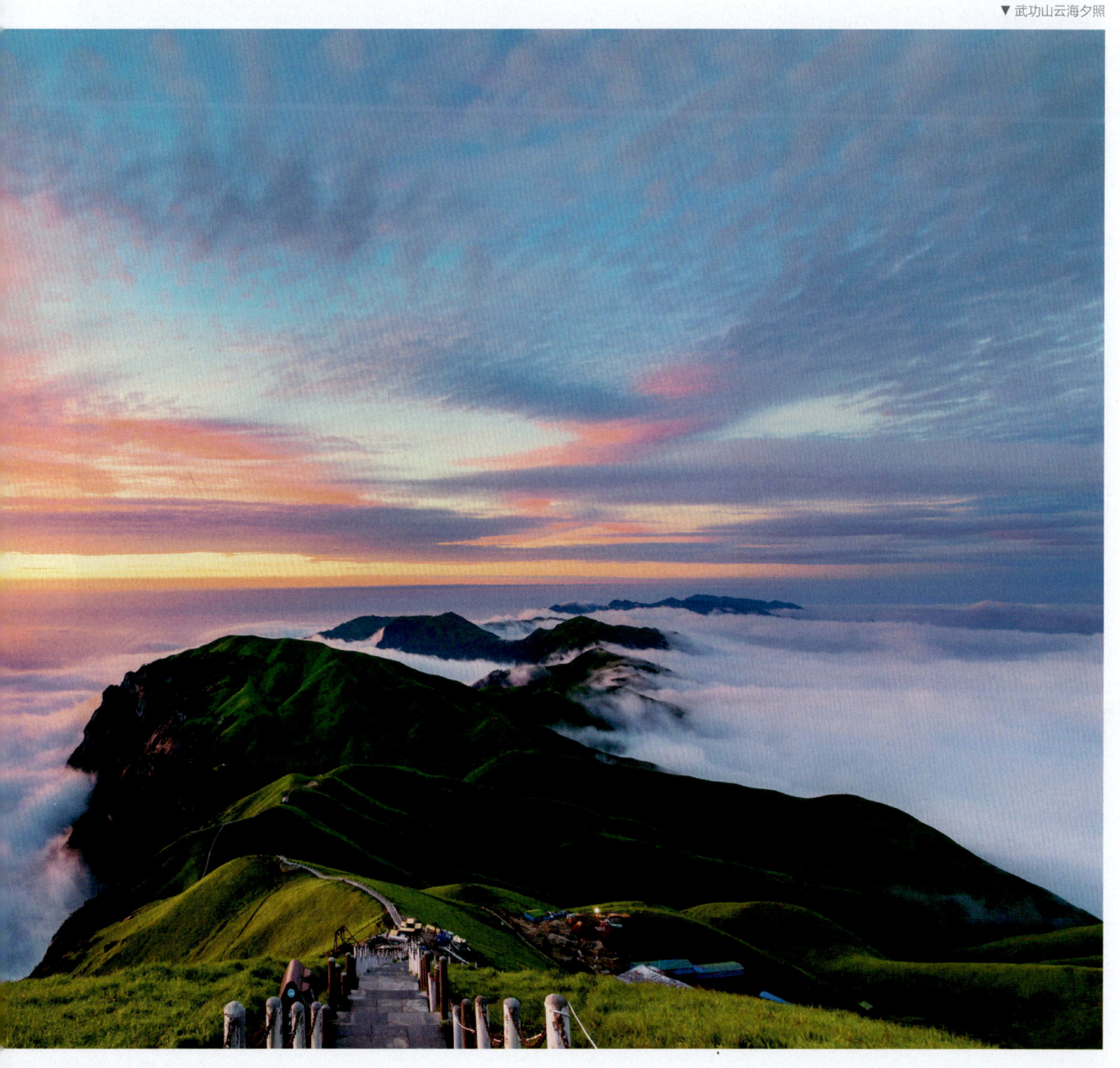

▼武功山云海夕照

赣西南红色文化之旅

▼ 文天祥纪念馆

江西省　37

气息、传统风貌与开放意识于一体，延续着底蕴深厚的宜春文脉，也是宜春城内最著名的景观之一。

门票：登楼 10 元

◆化成禅寺　见 33 页地图

化成禅寺位于宜春市城区西郊、秀江河北岸的化成岩森林公园内，是赣西历史悠久的城市宗教文化风景园林。禅寺始建于唐初，原为上下两寺，上岩为开化院，下岩为惠明院。清康熙年间，袁州知府李芳春题额"赞化裁成"，便改成如今的名字。化成寺依山傍水，秀江河绕寺而过，"化成晚钟"被列入"宜春八景"之一。寺院主体建筑分建于上下岩，以石阶相连，下岩目前仅建大雄宝殿，上岩依山而建有水观音亭、卧佛亭、法堂、云水堂等建筑。寺内供奉的卧佛及十八罗汉为缅甸所赠。千百年来，禅寺香火旺盛，游客众多，不妨来这里参观感受。

门票：免费
营业时间：全天开放
微信公众号：宜春市化成禅寺

◆状元洲　见 33 页地图

江西自古以来就有"物华天宝，人杰地灵"之美誉。据《江西进士》记载，江西有据可查的状元有 39 位，可谓是江西古代千万学子之杰出代表。江西的第一位状元是卢肇，此地因其少年时于秀江的此处竖石为铭、苦读诗书、考中状元而得名"卢洲"，也叫状元洲。明代时，卢洲就被人买下来建了"卢洲书屋"供子弟读书，后接连又建了"三元阁""文标阁"，但都因洪水未保留住，直到 1985 年，状元洲才被辟为水上公园，重修"卢肇读书堂"。状元洲位于秀江的中心，俯瞰像一叶轻舟，也像一轮弯月，每当夜谧风恬，泛舟河上，一轮皓月倒影河中，故称"卢洲映月"。今人闲步漫游洲上，举目繁花深木，水阁映照，大有"落霞与孤鹜齐飞，秋水共长天一色"之韵。

门票：免费
营业时间：6:00—21:00

新余市　0790

◆仙女湖　见 33 页地图

仙女湖位于新余市西南，面积 198 平方公里，其中水域面积 50 平方公里，由舞龙湖景区、钟山峡景区和钤阳湖景区 3 部分组成，是著名的湖泊型国家级风景名胜区、国家 4A 级旅游景区，也是亚洲最大的亚热带树种基因库。

仙女湖历史悠久，东晋文学家干宝所著古籍《搜神记》中记述的"毛衣女下凡"传说就出自这里。景区星罗棋布地分布着 99 座岛屿和 60 多条湖湾，有古溶洞、古建筑、古墓、石刻、革命历史遗址等景观。其中舞龙湖景区作为仙女湖景区的主景区，涵盖龙凤苑、民俗风情园、爱情岛、龙王岛、圣集寺、名人岛、桃花岛等著名景点。仙女湖动植物资源丰富，观鸟爱好者可以多加留意鹰、隼、雁、白鹭、斑鸠等鸟类，清晨和傍晚它们会聚集在湖边，或栖或翔，生机勃勃。

门票：155 元（门票 75 元 + 圣集寺门票 30 元 + 船票 50 元）
营业时间：冬季 8:30—17:00，夏季 8:30—17:30
微信公众号：江西仙女湖

吉安市　0796

◆文山路步行街　见 33 页地图

文山路步行街地处吉安市中心，是吉安市一个主要的商圈，也是当地的一道亮丽风景。步行街长 500 米左右，街边商厦林立，美食、服装、特色商品一应俱全，还建有多座雕塑，能领略到吉安独有的红色旅游文化及历史渊源。一座名为"打着灯笼去办公"的雕塑体现了红军干部光辉形象，"青铜伏鸟双尾虎"则是赣江流域古老文明的具象化，"吉州窑瓷塑家舒娇"为女窑工舒娇头覆方帕、手持瓷坯、仔细端详的形象。夜晚的步行街流光溢彩、热闹非凡，是人们休闲娱乐购物、享受夜生活的好去处。

门票：免费

▼仙女湖

赣西南红色文化之旅

营业时间：全天开放

◆文天祥纪念馆   见33页地图

文天祥纪念馆是江西省最大的历史名人专题纪念馆，坐落于吉安市吉安县城东面，处G105与吉井公路交汇点上。它始建于1984年，于1992年1月9日即文天祥就义709周年纪念日，正式向游客开放，现为江西省爱国主义教育基地、中国中小学百个爱国主义教育基地。纪念馆占地8万多平方米，主体建筑是一组坐北向南，依山就势，呈中轴对称的中国宫殿式仿古建筑群。主要建筑有山门、石拱桥、石级、平台、主殿、厢房、电教厅、贵宾休息厅、内花园等。纪念馆内由一个序厅和四个展厅组成。序厅内，有文天祥庄严威武的塑像，四壁嵌有8幅大型壁画，分别描绘着文天祥的生平事迹。四个展厅共包含六个展览，展出展品共307件。馆内另设有文天祥研究文献档案室1处，珍藏有大量研究资料及名流墨宝。在纪念馆中，你可以系统详细地了解文天祥伟大而不平凡的一生。

门票：免费
营业时间：春、冬季8:30—17:00，夏、秋季8:30—17:30，周一闭馆（法定节假日除外）
微信公众号：天祥景区

◆井冈山革命博物馆   见本页地图

井冈山革命博物馆位于茨坪镇，馆内珍藏着一大批珍贵的历史文物。该馆是为了纪念中国共产党创建的第一个农村革命根据地——井冈山革命根据地而建立的，是全国第一个地方性革命史类博物馆。它肩负着弘扬井冈山精神、传承革命传统教育的神圣使命。博物馆内珍藏了包括毛泽东的油灯、朱德的扁担等3万多件馆藏文物，以及4000多幅历史图片、5000余份文献资料和数百件影视资料。这些文物和资料承载着无数红色记忆，真实展示了当时有志青年的革命信仰。博物馆在展陈方式上采用了大框架、立体版面，运用现代声、光、电等高科技手法，全面、系统、综合地展示井冈山革命斗争历史，让人们深刻感受到那段峥嵘岁月里革命先辈们的艰辛。

门票：免费
营业时间：周二至周日8:00—17:00
微信公众号：井冈山革命博物馆

◆井冈山革命烈士陵园   见本页地图

陵园大门上的"井冈山革命烈士陵园"由老红军宋任穷题写，主要建筑包括纪念堂、碑林、纪念碑和雕塑园。其中，纪念堂内存放着井冈山斗争时期为革命英勇捐躯的烈士遗像，还存放着部分老革命家的骨灰。在瞻仰大厅内，黑底金字的纪念墙上镌刻着15744位烈士的名字，据统计，在两年零四个月的井冈山斗争中有近4.8万人牺牲，平均每天近60人献出宝贵生命。陵园内还有邓小平题字的"井冈山革命烈士纪念碑"，纪念碑由基座、碑座和主碑三部分组成，主碑用镀钛的不锈钢制作，高达27米，意含1927年毛泽东等老一辈无产阶级革命家创建了井冈山革命根据地。井冈山革命烈士陵园不仅是一个缅怀革命先烈的地方，也是弘扬井冈山精神的重要场所。

门票：免费
营业时间：周三至周一8:00—16:30，周二不对外开放

◆茨坪旧居群   见本页地图

井冈山有一个"红色名村"——茨坪村。在井冈山斗争时期，这里家家是红军营房，人人都是"拥军模范"，被誉为"革命摇篮之村"。1927年10月27日，毛泽东率领湘赣边界秋收起义部队来到茨坪后就居住在这里。到1929年1月的一年多时间里，毛泽东每到茨坪就在旧居的中厅右后间居住和办公。1928年11月6日，重新组织的中共井冈山前敌委员会机关也设在这里。如今，几间黄色的房屋在挹翠湖东面的南山路上格外显眼，包括毛泽东旧居、朱德旧居等多个旧址。原屋在红军离开之后，被国民党纵火毁尽，建筑和陈设都是后期复原，仅公卖处旧址内的水缸是原物。

门票：免费
营业时间：8:00—17:30

◆黄洋界   见本页地图

黄洋界山顶海拔1343米，扼守湘赣，陡不可攀。黄洋界是井冈山著名的五大哨口之一，位于井冈山大小五井的西北面，距茨坪约17公里。1928年著名的黄洋界保卫战和毛泽东脍炙人口的《西江月·井冈山》使黄洋界蜚声海内外，是游客上井冈山必到之处。黄洋界目前保留有哨口工事、炮台和营房，多为20世纪60年代的重建复原。从炮台到营房的路上可以俯见朱毛挑粮小道，有时间不妨重走一段。除此之外，黄洋界也是人文和自然景观相结合的景区，游

江西省 39

▼ 井冈山南山火炬

赣西南红色文化之旅

▲ 龙潭景区

客可以观赏到日出、峰峦、云海、杜鹃等自然风光。

门票： 80元

营业时间： 8:00—17:30

◆ 小井红军医院旧址　　见38页地图

小井红军医院旧址位于井冈山市茨坪西北面约6公里处，原址已经在1929年被敌人一把大火烧光，现在所看到的是1967年井冈山人民在原址上按原貌修复的建筑，这是红军历史上第一所正规医院，全木质榫卯结构，分上下两层，共32间病房。1928年5月，毛泽东、朱德所率两支部队于井冈山胜利会师后，虽然在大小五井建立了后方医院"红军医院"，但十分简陋。同年10月，湘赣边界党的第二次代表大会决定建设一所较好的红军医院。红军官兵捐出自己的"伙食尾子"，军民就地取材，自己动手。由于敌军将井冈山严密封锁，药物和医疗器具奇缺，条件十分艰苦，伤病员在治疗过程中要忍受极大的痛苦。所有的医务人员和伤员一起艰苦奋斗，自力更生，克服了种种困难，一批批伤病员康复后重返前线。距离医院百余米的小井红军烈士之墓，纪念的是在敌军围剿中来不及转移的130余位伤病员，纪念碑上有毛泽东题词"死难烈士万岁"。

门票： 免费

营业时间： 全天

◆ 龙潭景区　　见38页地图

在以历史人文为主的井冈山，龙潭的山水风光着实令人惊喜，换言之，井冈山自然风光的精华就在龙潭景区。这里由五龙潭和金狮面两大景区组成，被誉为"五潭十八瀑"，也有"小九寨沟"之称，景区峡谷深幽、群山巍峨、林翠花香、飞瀑成群、绿树掩映。其中的龙潭瀑布是最令人惊艳的自然奇观，其瀑布各具特色，形态各异。游览龙潭景区的顺序一般是先下山后上山。下山路在揽云台分成左右两条岔道，左边通往金狮面，右边沿石阶向下可依次经过碧玉潭、锁龙潭、珍珠潭、击鼓潭、玉女潭等五潭五瀑，边走边看气势磅礴的瀑布景观，返回时可以步行或者坐缆车上山返回入口。

门票： 80元

营业时间： 8:00—17:00

◆ 桃源梯田　　见33页地图

在遂川县左安镇的神女峰脚下，有一片让世人惊叹的美景，大地用行云流水、磅礴壮观的线条勾勒出总面积10平方公里的艺术画卷——桃源梯田，它也是全球十大最美梯田之一。梯田小如碟、大如盆、长如带、弯如月，宛如天上瑶池、人间仙境，梯田随山势蜿蜒，层层叠叠，线条流畅，阡陌纵横，落差400余米，景色四季各异：春如银链挂山间，夏似绿浪从天泻，秋像金塔顶玉宇，冬像白玉砌云端。桃源梯田的规模不算宏大，但拥有原汁原味的美丽，这里没有喧哗，有的是自然质朴和清新宁静，浓郁的客家风情和纯朴的客家文化都将吸引着你走近它。当你漫步在田埂上，看看青山、哼哼山歌、听听蛙鸣、吹吹山风，足以感受四季浪漫。

门票： 68元

营业时间： 8:00—21:00

微信公众号： 桃源梯田景区

◆ 共和国摇篮景区　　见33页地图

"共和国摇篮"包括叶坪、红井、二苏大和中华苏维埃纪念园（南园和北园）四大红色景区。叶坪是1931年中华苏维埃第一次全国代表大会旧址，就在这次会议上，成立了苏维埃共和国临时中央政府，毛泽东当选为主席。这些老房子就是当时的政治局、警卫局、银行、金库、外贸局、中华通讯社和苏区邮局等，共和国雏形就从这里开始建立。红井景区内最吸引人的是当年毛泽东为解决村民缺水而带领红军战士挖的一口水井，它被称为"红井"，你还可以从井里打水自饮。二苏大景区的主体景观是一座形似红军军帽的苏联风格建筑物，这是红军为二苏大的召开自主设计和修建的大礼堂，是苏区时期唯一自建的标志性建筑。中华苏维埃纪念园的南园主要有革命烈士纪念园、红军烈士纪念碑和明代龙珠塔等，北园是中央革命根据地历史博物馆，两层展厅以"人民共和国从这里走来"为主题，图文展示了中华苏维埃政府和中央红军革命根据地的发展史。

门票： 叶坪35元，红井30元，二苏大、中华苏维埃纪念园免费

营业时间： 8:30—17:00

微信公众号： 瑞金中央革命根据地纪念馆

◆ **罗汉岩** 见33页地图

罗汉岩又名陈石山，相传南朝陈武帝（陈霸先）曾率兵驻扎于此，凭借险要地势，以少胜多、打败敌人，后人便将此山唤作"陈石山"。后来传说有一位得道僧人行游到此，筑舍布道，并掘地得十八尊石罗汉，因此得名罗汉岩。罗汉岩面积达10余平方公里，平均海拔为500米，是典型的丹霞地貌。罗汉岩的山峰，以其形状态势的奇特怪异而闻名遐迩，尤其在入口处的蜡烛峰是罗汉岩的标志，如果登上罗汉岩的最高峰罗汉顶，你还可观赏到更多的奇峰怪石，它们远观或如挽臂的情侣，或如驼背的老人，或如念经的和尚，或如凌空笔架……美不胜收。景区内还有竹竿舞、唱红歌、庆新春等非遗民间传承团队表演，不容错过。

门票： 50元

营业时间： 8:30—17:30

微信公众号： 瑞金罗汉岩景区

食宿推荐

🍲 **当地美食**

萍乡市 莲花血鸭、萍乡小炒肉、萍乡炒粉、麻辣鸭头、萍乡腊肉

吉安市 泰和萝卜、白糖糕、油饼、糯米团子、糖炒米果

宜春市 慈化鸡、樟树板鸭、粉皮炒肉、艾叶粑、宜丰松肉

新余市 清炖武山鸡、新余米粉、水北豆腐、仙湖米粉鱼

赣州市 客家烫皮、凤眼珍珠汤、三鲜捶鱼、板盖丸焖鸭、赣南鱼饼、崇义南酸枣糕、赣州麻通、南康酒糟鱼、会昌豆干

🏨 **热门住宿地**

萍乡市 武功山、萍乡汽车站

吉安市 井冈山大学、后河·梦回庐陵景区、白鹭洲公园

宜春市 温汤镇、明月山

新余市 抱石公园、太平洋广场

赣州市 江南宋城历史文化旅游区、瑞金医院、瑞金市汽车站

▼ 共和国摇篮景区

赣中古村落之旅

吉安市 ➡ 抚州市

里程：414 公里
天数：7 天
驾驶难度：★★★☆☆
新能源车友好度：★★★☆☆

抚州与吉安，犹如江西文化天空中交相辉映的双星，其充满书卷气的古称——临川与庐陵，在中国古典诗文的璀璨星河中闪烁着耀眼的光芒。踏上这片由赣江与抚河共同哺育的丰饶之地，每一步都让人深切体会到什么是真正的人杰地灵、英才济济。

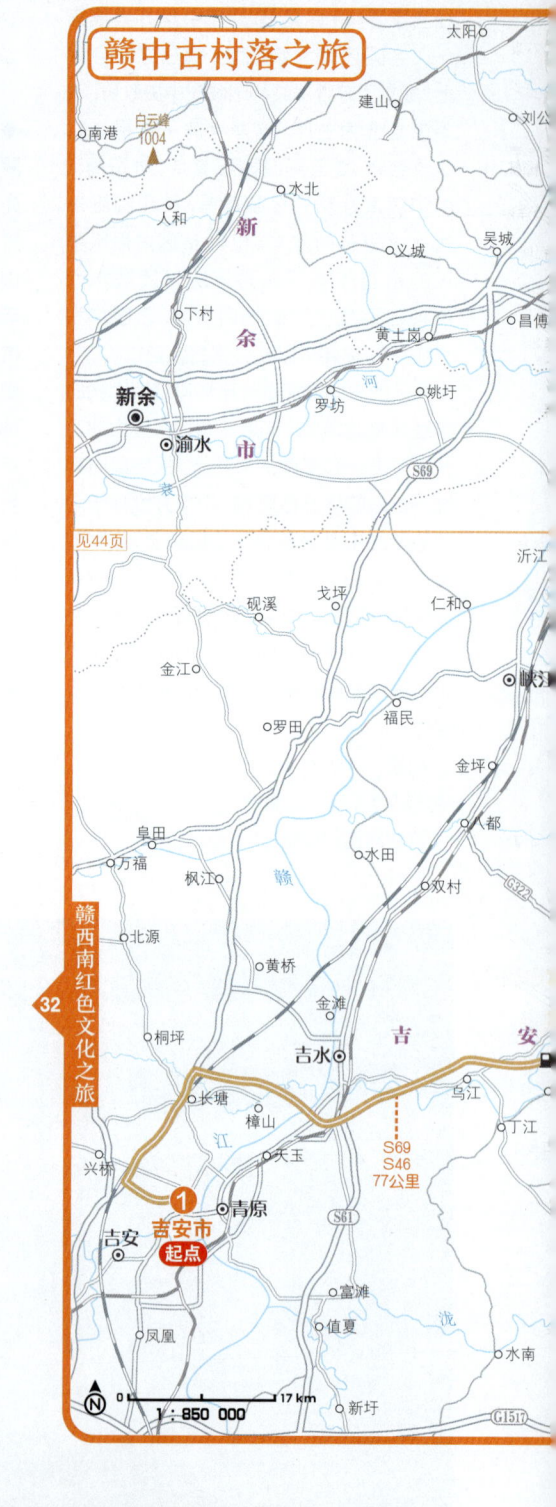

行程安排

第 1-3 天 ①吉安市

分别游览青原区的**青原山**、吉州区的**白鹭洲书院**、**钓源古村**，吉安县的**吉州窑**，吉水县的**燕坊古村**，峡江县的**玉笥山**。三天都夜宿吉安市内。

第 4 天 ①吉安市 ➡ ②欧阳修纪念馆　77 公里

②欧阳修纪念馆 ➡ ③流坑古村　42 公里

从吉安市出发，沿 S69、S46 前往永丰县的**欧阳修纪念馆**，而后沿 S225 前往位于抚州市乐安县的**流坑古村**。夜宿流坑古村。

第 5 天 ③流坑古村 ➡ ④抚州市　126 公里

从流坑古村出发，沿 S46 前往抚州市，沿途可前往位于临川区的竹溪村游览。到达抚州市后，游览临川区的**汤显祖纪念馆**、**王安石纪念馆**。夜宿抚州市内。

第 6 天 ④抚州市 ➡ ⑤仰山书院　48 公里

⑤仰山书院 ➡ ⑥洽湾船形古镇　85 公里

从抚州市出发，沿 G236、G316 前往金溪县的**仰山书院**。而后沿 G35，到达位于南丰县的**洽湾船形古镇**。夜宿古镇周边。

第 7 天 ⑥洽湾船形古镇 ➡ ⑦军峰山　36 公里

继续逛逛古镇，也可以去南丰老城看看，之后沿南东线、X908 前往**军峰山**游览，结束行程。

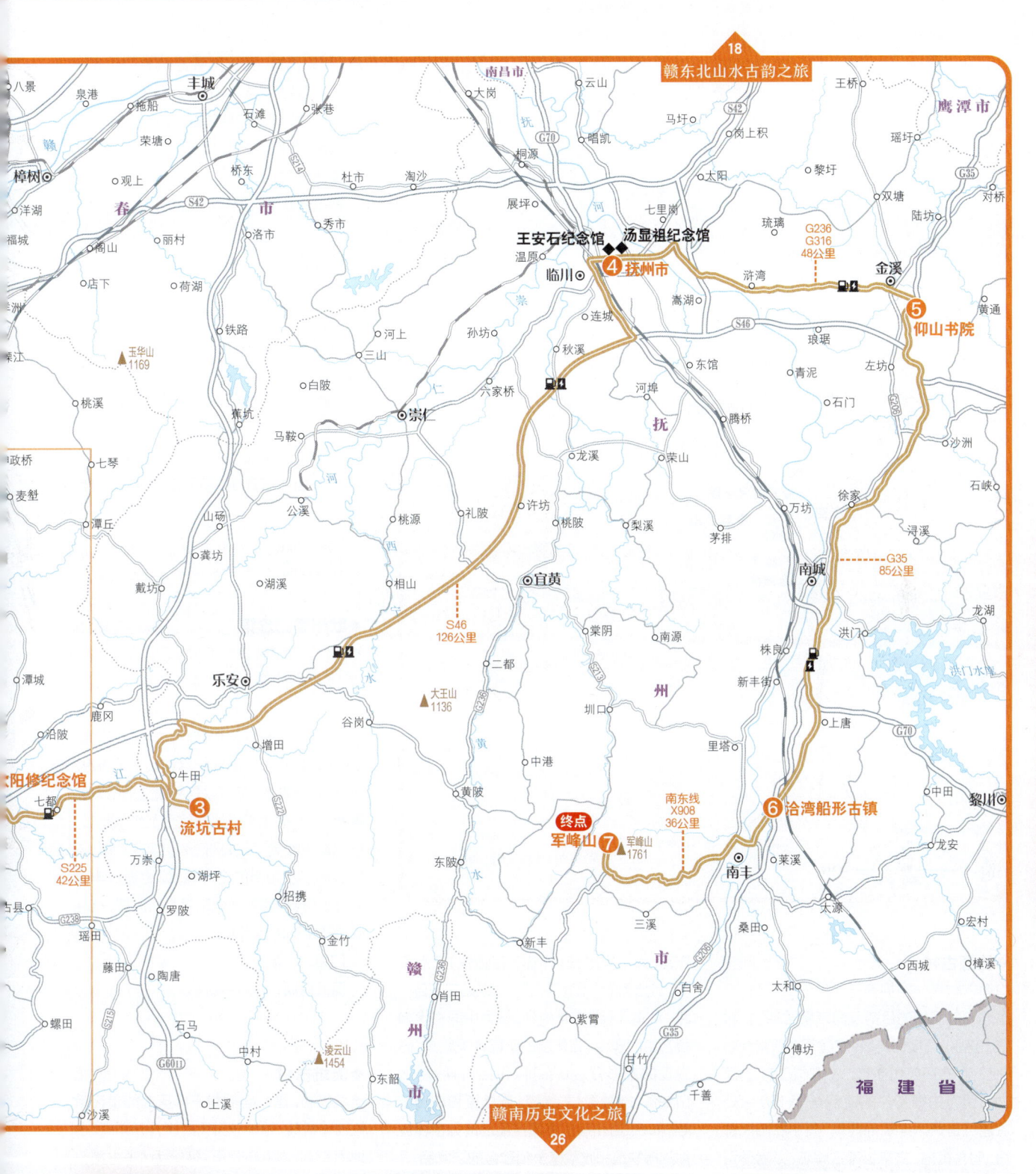

途中亮点

吉安市 0796

◆ **青原山** 见44页地图

青原山，被南宋诗人杨万里赞誉为"山川江西第一景"。尽管山势并不巍峨，但青翠的山峦连绵起伏，佛教与儒家文化在此交融共生。踏入山门，一股古朴的气息扑面而来。首先映入眼帘的是文天祥亲笔题写的"青原山"石碑，紧接着是颜真卿所书的"祖关"牌坊，再往里走，便可见到净居寺院内王阳明留下的"曹溪宗派"题碑。王阳明任庐陵知县时，在青原山讲学，为纪念他，庐陵人在青原山建阳明书院。青原山之所以久负盛名，很大程度上要归功于佛教禅宗七祖行思禅师。他在此地开辟道场，广收门徒，弘扬佛法，使青原山一度成为佛教圣地，香火绵延至今。站在七祖塔前极目远眺，远处的青山起伏，近处的古樟翠竹掩映着寺院的红墙金瓦，宛如一幅浓淡相宜的画卷。

门票：免费
营业时间：8:30—17:00
微信公众号：青原山旅游

◆ **白鹭洲书院** 见44页地图

白鹭洲书院坐落在赣江中心的白鹭洲上，是江西四大书院之一。书院创建于南宋淳祐元年（1241年），由吉州知军江万里创办，历经数百年兴衰，至今仍有部分古建筑保存完好，包括风月楼、云章阁、中山院等。书院注重传承理学、崇祀先贤，不仅培育出了文天祥、刘辰翁等忠烈节义之辈，更成为郡州内外仿效的对象，无怪乎庐陵文风兴盛，仕宦成群。

门票：免费
营业时间：周二至周日 9:00—17:00

吉安市及周边

◆ 钓源古村　　见本页地图
钓源古村是一座拥有千年历史的古村，也是北宋欧阳修的后裔及同宗聚居地。古村依山傍水，环境优美，村庄建筑东西南北朝向都有，布局宛如迷宫，充满神秘感。钓源古村留存的祠堂、书院、民居等150余处古建筑是赣派建筑的典型，其中欧阳氏总祠、明善祖祠、文章世家古牌坊、八老爷别墅等建筑更是别具一格，体现了古代高超的建筑技艺和精美的装饰艺术。古村的建筑风格独特，幢幢皆可见八卦图形，民居的排列也依八卦成形，充满了浓郁的传统文化氛围。

门票：40元
营业时间：全天

◆ 吉州窑　　见本页地图
吉州窑规模庞大，始于晚唐，兴于五代、北宋，极盛于南宋，而衰于元末，是中国古代黑釉瓷生产中心之一。吉州窑产品精美丰富，尤以黑釉瓷（亦称天目釉瓷）产品著称，其独创的"木叶天目""剪纸贴花天目"和"玳瑁天目"饮誉中外，成为中国古代陶瓷艺术的瑰宝。吉州窑的瓷器种类繁多，已发现的瓷形有120余种，包括青釉瓷、乳白釉瓷、绿釉瓷、彩绘瓷、雕塑瓷和玻璃器等。如今，吉州窑的名贵产品已成为世界各地的博物馆和收藏家争相珍藏的艺术品。

门票：40元
营业时间：9:00—17:00
微信公众号：江西吉州窑景区

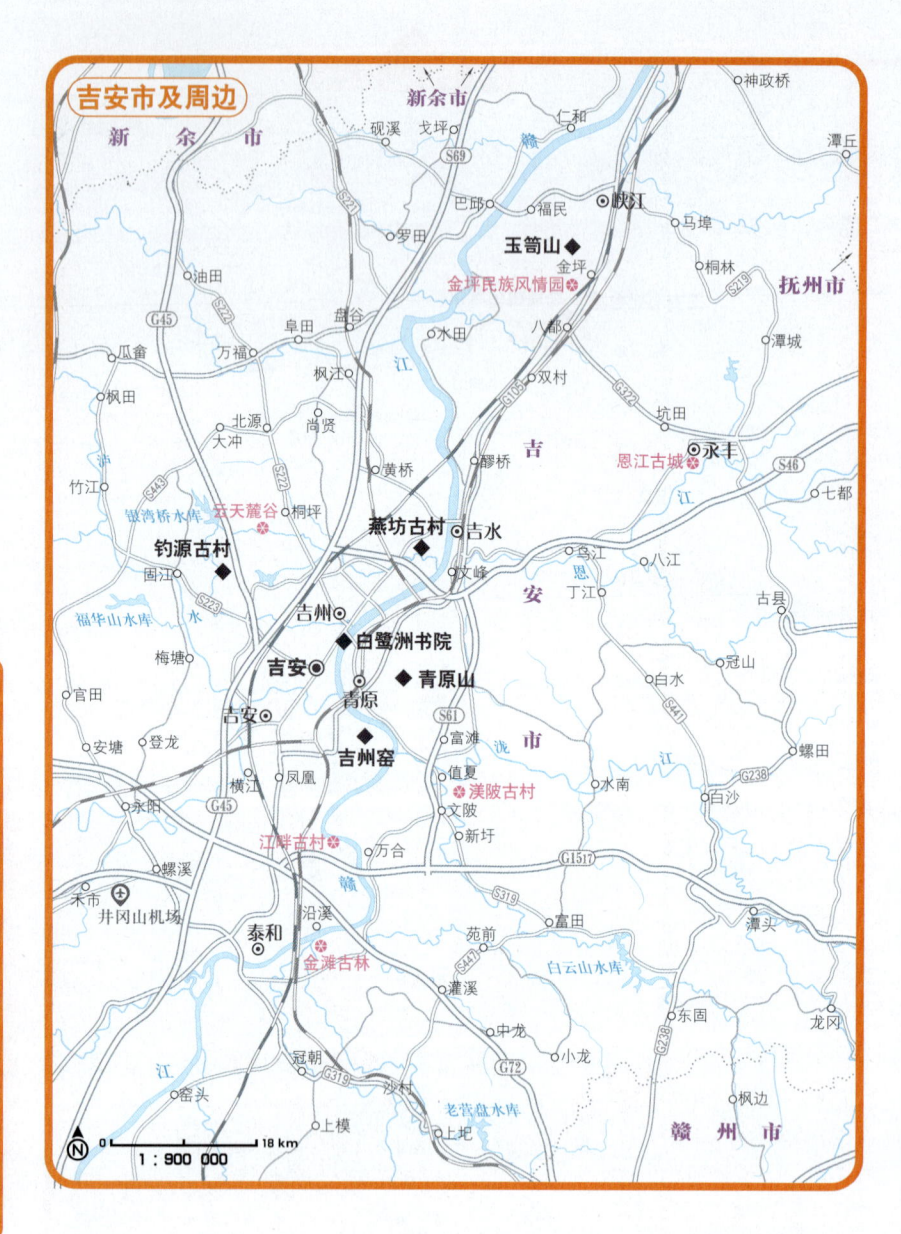

◆ 燕坊古村　　见本页地图
燕坊古村始建于南宋中期，至今已有800多年历史，村中以鄢姓为主。赣江边上的燕坊人是赣商中的佼佼者，他们回到家乡纷纷修建家宅，终于形成燕坊古村牌坊林立、大院联排、建筑成群、精雕细琢之景，燕坊古村保存完好的古民居有100余幢，是赣派建筑的典型代表。其中，二十栋大院、州司马第、大夫第等建筑更是别具一格。这些建筑内部结构和外观风貌都折射出明清时期建筑的特色古韵，十分精美。

门票：免费
营业时间：全天
微信公众号：燕坊古村景区

◆ 玉笥山　　见本页地图
相传汉武帝南巡时，天降玉笥（sì）于太白峰，遂得名玉笥山。玉笥山峰峦连绵不绝，拥有覆箱、太白、元阳、送仙等32座奇峰，如削玉染黛，凌云摩霄。玉笥山自古便是道教名山，自秦代以来，历为方士、道士修真炼丹之所。唐代杜光庭《洞天福地记》中将其列为"第十七法乐洞天""第八郁木福地"。山中宫观阁、亭台楼榭遍布，景色迷人。

门票：免费
营业时间：8:30—18:30

◆ 欧阳修纪念馆　　见43页地图
欧阳修与吉安（古称庐陵）的关系千丝万缕，虽然欧阳修一生回家乡的次数屈指可数，但在其传世名作《醉翁亭记》中却写道："太守谓谁？庐陵欧阳修也。"可见其对故乡的浓厚感情。欧阳修纪念馆始建于1997年，步入纪念馆，你可以看到重塑的欧阳修雕像，以及他生平所绘的珍贵画作。此外，纪念馆还收藏了《泷冈阡表》碑等文物，不仅展示了欧阳修的个人成就，更通过丰富的历史资料，再现了欧阳修为官时期，当地政治清明的时代风貌。

门票：免费
营业时间：8:00—18:00

抚州市　0794

◆ 流坑古村　　见43页地图
流坑古村，是一座拥有千年历史的董氏单姓血缘村落，始建于五代南唐升元年间，占地面积3.61平方公里，被誉为"千古第一村"和"中国古代农村文明的活化石"。古村保存了大量的明清古建筑，包括民居、宗祠、庙宇等，展现了赣派建筑的独特风格。高耸的状元楼是村中的标志性建筑，其楼名"状元楼"据传为南宋大儒朱熹亲笔题写。村北陌兰洲上的董氏大宗祠遗址是董家后人缅怀西汉先祖董仲舒的圣地。王安石、朱熹、文天祥等历史名人都曾在此留下墨迹。

门票：80元
营业时间：9:00—21:30
微信公众号：流坑古村景区

江西省　45

▼流坑古村

赣中古村落之旅

◆ **汤显祖纪念馆** 见43页地图

颇具江南园林风格的汤显祖纪念馆占地广阔，主要有综合展馆玉茗堂、清远楼、牡丹亭、碑廊等20余处景点。其中，玉茗堂展厅布展凝聚了国内数十位汤学专家心血，采用了影像互动等科技手段，完整展示了汤显祖波澜起伏的一生和其不朽的传世戏剧。其中，"临川四梦"——《牡丹亭》《紫钗记》《南柯记》《邯郸记》对后世的影响深远。纪念馆还定期举办汤显祖戏剧文化节、戏剧研讨会等活动。

门票：免费
营业时间：周二至周日 9:00—17:00

微信公众号：抚州市汤显祖纪念馆 数字纪念馆

◆ **王安石纪念馆** 见43页地图

王安石纪念馆是为纪念我国北宋著名政治家、思想家、文学家王安石建立的历史名人纪念馆，是一座仿宋园林式建筑群。榻山飞檐、圆柱筒瓦的结构和黑白色调使整个建筑显得古朴淡雅。主楼（熙丰楼）为两层陈列厅，展示王安石生平事迹。半山堂是第二展厅，固定专题陈列"王安石诗词欣赏展"。

门票：免费
营业时间：周二至周日 9:00—17:00

微信公众号：王安石纪念馆

◆ **仰山书院** 见43页地图

"高山仰止，景行行止"，清乾隆二年（1737年），知县阎延估在崇正书院旧址上建新书院，以此来纪念曾在这里讲过学的南宋哲学家陆九渊，陆九渊也是抚州市南溪县人。如今在书院里依然有介绍陆九渊生平的展览。书院内绿树成荫，清幽静谧，建筑错落有致，主体建筑包括讲堂、藏书楼、学舍等。

门票：免费
营业时间：8:00—17:30

▼ 白鹭洲书院桥

江西省　47

赣中古村落之旅

▲ 王安石纪念馆

◆ **洽湾船形古镇**　见43页地图

除了近百栋保存较好的明清古建，洽湾最引人注目的特征便是它因地势而形成的船舱形平面布局。盱江、沧浪水、桨坑水在此汇聚，很形象地诠释了"洽"（水合）字的内涵。古镇内的胡氏宗祠建于明朝万历年间，三进两天井，硬山顶，砖木结构。立于古镇的"船尾"，显掌舵压艄之威，气势恢宏，被誉为"江南第一祠"。

门票：免费
营业时间：9:00—17:30
微信公众号：洽湾船形古镇

◆ **军峰山**　见43页地图

军峰山，主峰海拔1761米，被誉为"赣东屋脊"。由于长期的地质作用，地壳上升强烈、侵蚀切割剧烈、山势破碎多褶皱，形成了众多悬崖峭壁及瑰丽多彩的丹霞地貌。其山势陡峭，峰峦叠嶂，自然风光奇绝俊秀，既有险峰峭壁、奇岩幽洞，又有飞瀑秀水、古树参天，四时皆景。山上古刹名观众多，如三仙真君祠、炼丹观等。古代徐霞客登临军峰山后，曾发出"羡军峰之亲和"的感叹。

门票：免费
营业时间：全天

食宿推荐

🍚 **当地美食**

吉安市　泰和萝卜、白糖糕、油饼、糯米团子、糖炒米果

抚州市　抚州米粉、临川牛杂、南丰水粉、藕丝糖、酒卤鸡、黎川芋糍

🛏 **热门住宿地**

吉安市　井冈山大学、后河·梦回庐陵景区、白鹭洲公园

抚州市　橘都大道、苍山路

图书在版编目（CIP）数据

江西／"中国自驾游"编写组编写．－－北京：中国地图出版社，2025.1．－－（中国自驾游）．－－ISBN 978-7-5204-4601-3

Ⅰ．K928.956

中国国家版本馆CIP数据核字第2024GT6418号

主　　编	马　珊
责任编辑	叶思婧
执行编辑	周　琳
编　　辑	李潇楠　刘　煜　王若玢
地图编辑	刘红艳
地图制作	张晓棠　杨翊梵
封面设计	李小棠
版　　式	王愔嫕　北京梧桐影电脑科技有限公司
责任印制	苑志强

感谢肖潇为本书提供的帮助。

中国自驾游·江西
ZHONGGUO ZIJIA YOU · JIANGXI

出版发行	中国地图出版社
社　　址	北京市西城区白纸坊西街3号
邮政编码	100054
网　　址	www.sinomaps.com
印　　刷	北京盛通印刷股份有限公司
经　　销	新华书店
成品规格	210mm×297mm
印　　张	3
版　　次	2025年1月第1版
印　　次	2025年1月北京第1次印刷
定　　价	29.90元

书　　号	ISBN 978-7-5204-4601-3
审图号	GS京（2025）0075号

咨询电话：010-83543937（编辑），010-83543933（印装），010-83543958（销售）
本书图片由视觉中国提供。